地域主権という希望

欧州から杉並へ、恐れぬ自治体の挑戦

杉並区長
岸本聡子

大月書店

はじめに

２０２２年6月19日投票の杉並区長選挙で、私は初めて選挙に立候補し、当選しました。１８７票というギリギリの僅差で、３期12年を務めた現職区長を破っての当選。直前まで欧州のベルギーに在住し、職業はＮＧＯの調査研究スタッフ。地縁・血縁なし、政治経験なし。政党公認ではなく、市民団体の支援を受けての立候補。47歳、杉並区初の女性区長。

さまざまな要素が「異例」として注目を浴び、特別区とはいえ、いち自治体の首長選挙とは思えないほど多くのメディアに報道されました。

選挙そのものも、わずか3か月前に準備を始めての短期集中型でしたが、当選後は区長の仕事に就くためにさらに多くの準備が必要となり、文字通り目の回るような日々でした。

7月11日の初登庁の朝、区庁舎の入り口にはたくさんの支援者の方が集まり、「がんばって！」「いってらっしゃい！」と拍手で応援してくれました。笑顔で応えながらも、内心は緊張感でいっぱいでした。

それからおおよそ4か月。区政の全体像を理解し、さまざまな課題を学びながら、チームとして組織を率いていくために職員の声に耳を傾けるなど、当初はインプットに専念してきました。選挙公約として掲げた学校給食の無償化、道路拡幅計画の見直し、気候変動への抜本的な対策――といった課題に本格的に取り組むのは、まだまだこれからです。

そんなふうに、区長としてはまだよちよち歩きの段階ですが、あえていま本書を世に問うのは、私がこれから杉並区で取り組もうとしている変革が、世界規模の大きな潮流のなかにあるものだということを、区民に限らず全国のみなさんに知っていただきたいからです。

その潮流とはなにか。

ひとことでいえば、「公共」の役割と力を取り戻すこと。そして、地域の住民が主体となって、自分たちの税金の使いみちや公共の財産の役立て方を、民主的な方法で決めていくということです。

この数十年、世界中で、国や自治体が本来もっていた公共的な役割をどんどん縮小し、水道や電力など住民生活に不可欠なインフラ事業まで、民間企業に委託してしまう民営化の流れが続いてきました。その結果、本来は住民のものであるはずの公共の財産が、営利の論理で支配され、人々の生活を圧迫するといった問題が相次いでいます。

私が長く暮らしていたヨーロッパでは近年、こうした民営化の流れを止め、住民が地域の公共財産を自分たちで民主的に管理する仕組みを作り直そうとする動きが各地で生まれています。

そして、こうした住民運動を母体として自治体ごとの市民政党がつくられ、首長や地方議会の選挙で勝利し、国の政府やEUといった大きな権力にも敢然と物申していく――このような現象は、「再公営化」「ミュニシパリズム（地域主権主義、自治体主義）」、そして「恐れぬ自治体（フィアレスシティ）」という言葉でとらえられています。

この動きは、ヨーロッパに限らず、中南米などでも生まれています。それぞれの取り組む課題は地域ごとに違いますが、その先頭に立つスペインのバルセロナやイタリアのボローニャなど、主要な自治体は相互に交流し、グローバルなネットワークを形成している点も特徴です。

日本では、まだこうした国際的な動きに意識的に加わる自治体は生まれていません。けれども、全世界で強引に推し進められてきた新自由主義《ネオリベラリズム》（国や自治体の任務を縮小し、できるだけ民間企業と市場原理に委ねることが最善だとする考え方）によって、人々の生活を支える政治の本来の役割が縮小し、地域の経済や支え合いが衰退している現状は、日本も共通しています。

ですから、「国の言うことを聞いているだけでは、地域がやっていけない」という声は、日本中に渦巻いているはずです。新自由主義とは別の道を選択し、世界のミュニシパリズム運動に連なる自治体が、日本でこそ登場するべきなのです。

私は今回、まったくの奇遇な縁で、杉並区長選に出馬し当選しました。でも、ヨーロッパのNGOで世界の再公営化の事例を研究し、各地のミュニシパリズム自治体を相互につなぐプロジェクトを動かしながら、いずれは日本に帰国し、地域に貢献する仕事をしたいとは考えていました。

幸いに多くの区民に支持を寄せていただき、区長として任に当たることになりましたが、そこで指針となるのは、やはり全世界の市民が取り組んでいる、「もうひとつの世界」を求める運動のビジョンなのです。この本が、その一端を知っていただくために役立てば幸いです。

本書の大部分は、２０２０年から２０２１年末まで、ウェブマガジン「マガジン９」に連載した「ヨーロッパ・希望のポリティックスレポート」に基づいています。ヨーロッパでリアルタイムに起きている動きを伝えることを目的としていたので、それぞれの内容は連載当時の最新の状況です。その後の状況の変化については、最低限の補足にとどめました。

本書の内容に刺激を受け、日本の各地でミュニシパリズムを実践する住民のみなさんが横につながり、日本でも「恐れぬ自治体」ネットワークが生まれていく――そんな夢を抱いています。

まずは、今回の杉並区長選挙で、私がなぜ立候補を決意し、どんなふうに選挙戦を戦ったのか、そこからお話を始めましょう。

地域主権という希望　目次

はじめに　3

序章　杉並区は「恐れぬ自治体」をめざす

1　なぜ区長選挙に出馬したのか　12
2　〝対話〟を基調とした手づくりの選挙運動　18
3　ミュニシパリズムを指針に、新しい杉並区へ　29

第1章　ミュニシパリズムとは何か

1　世界各地で急成長するミュニシパリズム　42
2　ミュニシパリズムとEU――資本の論理と公共のせめぎあい　54
3　ベルリン住宅革命前夜――共有財としての住居　63
4　中高生たちが起こした反気候変動の地殻変動　72
5　極右ナショナリズムと市民政治のはざまで――スペイン地方革新政治のゆくえ　77
6　「恐れぬ自治体」の国際ネットワーク――再公営化から経済の民主化へ　88

第2章　新型コロナパンデミックと「公共」の役割

1　コロナ騒動のなか、あえて難民危機と国家について考える　102
2　コロナ危機下で人々の暮らしをどう守るのか　108
3　パンデミック後の社会像——経済と環境を同時に回復させられるか　118

第3章　気候危機に自治体として立ち向かう

1　自治体からの異議申し立て——地域主権のグリーン・リカバリーへ　130
2　住民の権利と脱炭素社会へ、行動する自治体　139
3　闇か、希望か——分岐点に立つ欧州グリーンディール　152
4　「命の経済」の回復——資本主義を問うフェミニストの視点から　166
5　偽りの「ネットゼロ」vs地域主権の「ジャスト・トランジション」　179

第4章 「もうひとつの世界」はもう始まっている

1 フランス地方選挙で起きた「躍進」――市民型選挙の戦い方を学ぶ 194
2 保守政治を打ち破り、分断を越えるための草の根の拠点 204
3 「住む権利」を実現する住宅の公営化――ベルリン住民運動の挑戦 213
4 農と食、流通のミュニシパリズム的な革命――アルゼンチンにみる源流 224

おわりに 233
初出一覧 236

本文中の人物の年齢、肩書等は初出時のものです。
通貨は初出時のレートで換算していますが、変動もあるため統一していません。

序章

杉並区は「恐れぬ自治体」をめざす

区長選挙中、街頭演説に立つ著者
(2022年6月, Photo by 田中創)

1

なぜ区長選挙に出馬したのか

ヨーロッパから杉並へ

私は、20代で日本国内のNGOで仕事を始め、オランダ人のパートナーと出会ったことから、ヨーロッパに移住し、以後20年以上そこで生活することになりました。そこに至る経緯や、NGOで取り組んできた活動は、前著『私がつかんだコモンと民主主義』（晶文社）に書いたので、ここでは繰り返しません。興味のある方は前著をお読みいただければと思います。

勤め先であるトランスナショナル研究所（TNI）では、「はじめに」で前述したように水道など公共インフラの再公営化に関する事例を調査して報告書にまとめ、各地で生まれていたミュニシパリズムの運動を、国を越えて結びつける活動をしてきました。

こうした仕事にはやりがいと使命感を持ち、ヨーロッパでの生活にも大きな不満はありませんでしたが、息子たち二人も成長し、どこかで日本に生活拠点を戻すことも考えてはいました。

私が区長選挙への立候補を表明すると、まず言われたのは「政治経験も行政職の経験もない素人《しろうと》なのに」、そして「杉並のことも日本のこともわかっていない、よそ者のくせに」ということでした。

でも、私はそういう懸念を実はほとんど抱いていませんでした。

ＴＮＩでの活動で、各地で住民自治に取り組む市民や専門家とは常に協働していましたし、その中で選挙に出て公職に就く人もめずらしくありません。日本の社会や政治情勢についても、日本に暮らす友人たちとしょっちゅうオンラインで会話し、一定の情報は得ていました。

それに、何より「素人」が政治に関与して何が悪いのか、という思いがありました。

政治とは生活そのものです。地域に暮らす住民が、自分たちの生活を守り、よりよくしていくために、必要な公共のインフラ整備や福祉、都市計画、教育などを行政機関を通じて運営していく。それが住民自治ということです。

確かに、行政組織を運営していくには一定の専門性が必要なので、職員や首長は専従であるのが合理的でしょう。でもその中で、いわゆる「お役所仕事」といわれるように、住民感覚から離れてしまったり、不合理や非効率がまかり通ってしまうこともあります。だからこそ、政治のプロではない人が行政組織の中にもいないと、ますます政治は住民のものではなくなってしまうのです。

私のような経歴や属性をもった人は、従来の行政組織の中では「異物」でしょう。でも、その異物の存在が、凝り固まった発想を変える起爆剤になることもあります。もっといえば、私だけでなく、障がいのある人、外国にルーツを持つ人、ＬＧＢＴＱなどの性的マイノリティなどなど、多種多様な人たちが政治の中に入っていくべきだと思います。個人の価値観も生活のニーズも多様化している現代では、そうでなければ自治体は住民のための政治を実現できません。

私に対して「杉並のことを何も知らないのに」と批判されますが、逆にいえば、杉並のことだけを知っていることが、これからの区政を構想していく上で本当にプラスなのでしょうか。私が生きてきたヨーロッパやＮＧＯの世界での経験は、日本の行政機関にしかいなかった人にはない、私の大きな強みだと思っています。

正直なところ、「政治経験もないのに」と他人から言われるまで、私はそのことをハンディだとはまったく思っていなかったのです。こういうところも、もしかすると日本の大組織の中だけで生きてきた人にはない感覚なのかもしれません。

立候補した動機

もちろん、だからといって選挙も区長の仕事も、楽々できると思っていたわけではありません。人生最大のチャレンジになることは理解していました。

では、なぜそんな決断ができたのか。やはり、それは私の信念や倫理的な価値、別の言葉でいえば正義感ともいうべきものだと思います。

世界中で推進されてきた新自由主義が、どれほど地域のコミュニティや文化を蝕み、人々を貧困と絶望に追い込んできたか。とりわけ欧州では、２００８年の世界金融危機以降、欧州連合（ＥＵ）のトップダウンで緊縮政策が各国に強いられ、公共サービスは縮小し、住宅、交通や電力といった貴重な公共財とインフラが民間資本に売り払われていきました。

それによって広がった格差・貧困と、ＥＵのエリート政治に対する反感は、フランスやギリシャ、スペインなどで激しい抵抗運動を生む一方、難民や移民を敵視する極右・排外主義的な勢力が成長する温床も生んでいます。移民に対する差別感情は、アジア系である私にとっても他人事ではありません。

このような負のスパイラルに歯止めをかけ、人々の生活や環境が持続可能で、誰もが抑圧されず自由に生きていける社会をつくりたい。その信念は20代からずっと変わっていません。区長という職務を通じてそれを実行することになっても、基本的なスタンスや目標は同じです。

私を擁立し、選挙戦をともに戦ってくれた市民のみなさんも、きっと私のこうした信念や価値観に共感し、信頼を寄せてくれたのでしょう。直接の面識はなくても、マガジン９の連載をはじめ私が書いたものなどから、自分たちが理想とする社会に近いものを感じ、信頼してくれたのだと思います。

区民の自治意識が背中を押した

実のところ、杉並区で新しい区長を求める動きは、私が立候補を決めるずっと前から始まっていました。2022年1月には、地元市民が「住民思いの杉並区長をつくる会」を立ち上げ、キックオフ集会が行われました。でも、この時点では誰が候補者になるかは決まっていなかったのです。

その年の3月に、コロナ禍で長らく会えなかった横浜の両親を訪ねるのとあわせて、友人たちがかかわっている京都府知事選の応援もしたいと思い、3週間ほど帰国しました。その際に、杉並区の区長選挙も近づいているのに候補者がいないということを友人から聞きました。当初は自分が出馬することは念頭にもなく、自治体選挙の意義について語り合うなかで、なにかの拍子に「じゃあ、さっちゃんが出ない？」という話になったのです。

先に書いたように、政治家という選択肢でなくても、どこかで日本に戻って、いまの社会状況を変える仕事にかかわりたいとは思っていたので、この提案を受けても、それほど驚きはありませんでした。それに、政治にかかわるなら国政よりも地方政治のほうがだんぜん面白いという気持ちも持っていました。だから、ここはチャレンジすべきだと思ったのです。

杉並区は、かつて第五福竜丸の被爆事件を受けて、全国に先駆けて原水爆禁止の署名運動が、多くの女性を含む区民の手で始まったところであり、近年では、福島第一原発事故の直後に大規模な脱原発デモが自然発生した場所でもありました。そういう住民自治や市民運動のメッカともいうべき街だということは知っていましたが、それらはあくまで伝聞的な知識です。

私が立候補を決意する上で決定的だったのは、先にふれた「住民思いの杉並区長をつくる会」のキックオフ集会のようすを動画で視聴したことでした。2時間にわたる集会でしたが、そこで発言した市民のみなさんが素晴らしかったのです。

現区長の打ち出した児童館の全廃方針に反対している保護者の方、自宅や店舗が道路拡張の影響を受ける方、突然行政から場所を移動させられた高齢者のデイサービスNPOの方など、それぞれの立場で、現在の区政の問題や課題をしっかり把握し、別のあり方についてもきちんとビジョンを語っていました。あまりにもみなさんの発言に説得力があったので、「この中の誰でもいいから、立候補すればいいのでは？」と思いました。

同時に、そうした自治意識の高い住民がいるにもかかわらず、区政の意思決定が不透明で、住民の切実な声や積極的な提案にも耳を貸してもらえず、知らないうちに決まった方針が突然降りてきて、住民はそれに振り回され、後追いで対処を強いられているということもよくわかりました。

政治的に右か左かとか、そんなレベルではなく、住民がこれほど地域のことを考えて行動しているのに、それを行政側が聞いたり、活かしたりせず、トップダウンの政治を行っている。21世紀の日本、とりわけ自治や文化において先進的なイメージの杉並区で、昭和の時代そのままの政治がなされていることに驚きました。

これが私にとって、杉並区の現在の課題を理解する最初の機会になりました。そこで語られていた現区政は、いってみれば私が研究してきたミュニシパリズムの真逆の政治に見えました。これを変えていくことは、私が求める地域主権の政治そのものだと確信したのです。

2

〝対話〟を基調とした手づくりの選挙運動

「選挙に出たい人」ではなく「出したい人」

こうして、立候補に向けて動き出したのが4月でした。その段階で投票日は約2か月後。ベルギーから居を移すことも含めて、あらゆることが急ピッチで動いていきました。

先に述べたように、半年以上前から選挙に向けた動きは始まっていたので、実際の選挙運動も、それぞれの分野で活動してきたみなさんのパワーに乗って私が動くような形でした。地元で長く市民運動に取り組んできた方々もいれば、児童館の廃止の問題などから参加したママ・パパたち、地元の商店街の店主さんたちも。杉並には無数の市民団体やグループがあり、それぞれが企画してくれたタウンミーティングや街頭宣伝に行って支持を訴えるのはもちろんですが、その場でさまざまな地域の問題を住民のみなさんから聴くことで、私自身が短期間に区政の問題点を学んでいくことができました。

これが仮に、私が選挙に出たいと手を挙げて、そこから支持者を集めていたら、こんなに短期間に運動を広げることはできなかったでしょう。「選挙に出たい人」ではなく「選挙に出したい人」として、住民のみなさんが私を押し上げてくれた。そのことが、現職との圧倒的な力の差を埋める、選挙運動の熱量の源だったと思います。

政党と市民選挙

どの政党の公認も受けず、無所属で出馬することは当初から決めていましたが、政党から推薦をもらうかどうかは議論がありました。

選対の中心メンバーは市民主体の選挙をめざしていましたが、やはり相手は現職ですから、政党の力も借りなければ互角の戦いにすら持ち込めません。最後は候補者である私の判断で、国政野党である立憲民主党・日本共産党・れいわ新選組・社会民主党と、新社会党、緑の党グリーンズジャパン、地域政党である杉並・生活者ネットワークの7団体から推薦をいただきました。

私は、長年日本を支配してきた自公長期政権がさまざまな停滞の源になっていると考えているので、国政ではリベラルな野党が結集して、政権交代を起こせる勢力をつくることが大事だと思っています。

他方で、地方政治では、国政における与野党はあまり関係がないと思っています。国防や憲法といった問題はもちろん重要ですが、地域の住民の暮らしを支えることにおいては、保守系の議員やその支持者も一緒に取り組めることがたくさんあります。地域主権を実現していくために、保守系の住民とも胸襟《きょうきん》を開いて対話し協力していくことが不可欠だと思います。

とはいえ、いざ選挙となれば自民党や公明党は現職側ですから、当然対立する関係です。立憲民主党や共産党の区議会議員からも応援を受け、市民と野党が渾然一体となった選挙運動が展開されました。

杉並の市民運動にとっては、2021年の衆院選で杉並選挙区（東京8区）から立候補した吉田はるみさん（立憲民主党）の当選が、ひとつの成功体験になっていたと思います。吉田さんが長年地道な地域活動をしてこられた政治家だったことはもちろんですが、衆院選直前の候補者調整にさまざまな憶測が飛び交うなかで、地元で「#吉田はるみだと思ってた」という声が上がり、その勢いに乗って現職大臣である石原伸晃氏を破った。この実績があったからこそ、吉田さんを支援した市民のみなさんに区長選でも支援いただきたい、という強い思いが私たちにはありました。

自発的で自然体な選挙活動

市民が中心となる選挙運動のなかで、さまざまな独創的な取り組みも生まれました。

ボランティアによる「ひとり街宣」はその代表です。大量の選挙ポスターを用意しても貼る場所がない。それなら一人ひとりがポスターを持って街頭に立とう、という取り組みです。選挙運動中、私がお休みで不在の日に、ボランティアの方から「じゃあ私がポスターを持って、一人で駅前に立ってもいい？」と提案があり、それならみんなでやろうという話になりました。「杉並区の19の駅の全部で立てば、ポスターを貼る以上に宣伝効果があるんじゃない？」と、分担してすべての駅をカバーすることにしました。仕事に行く前の時間や帰る前の時間など、それぞれが時間をみつけて連日立ち続けたのです。

声を出して呼びかける人も、黙って立つだけの人も、ボランティアの方が作ってくれた素敵なテーマソングを流す人もいました。私という候補者がすべての駅に立てなくても、応援する一人ひとりが代わりに立ってくれる。象徴的なエピソードだと思います。

こうした自発的な活動の中心になってくれたのは主に女性たちでした。また、地元に暮らすクリエイターの方たちが、チラシやポスターのデザイン、ＳＮＳ発信や動画コンテンツの制作に活躍してくれました。

こうした手づくりの選挙運動の雰囲気は、活字ではうまく伝わらないかもしれません。興味のある方はYouTubeの「岸本聡子公式チャンネル」にある動画を見てみてください。

自然発生した「対話型の街宣」

選挙戦の後半になると、街頭での反応が変わってきたことに気づきました。もともと支持してくれている市民の方だけでなく、たまたま通勤中に通りかかったような人が、その後二度、三度と顔を見せてくれることが増えてきたのです。

市民応援団のみなさんと（撮影：田中創）

私もだんだん顔を覚えてくるので、何回目かに「いつも聴いてくれてありがとうございます。どちらからいらしたんですか？」とマイクを向けてみました。すると、それぞれが抱えている生活の苦しさや悩みを話してくれるのです。なかでも、保育士や学校の先生、介護ワーカーといったケアワーク、エッセンシャルワークに携わる女性が多かったことが印象的でした。

そんなことが続くうちに、「自分だけがマイクを握るんじゃなくて、この人たちに話してもらえばいいんだ」と気づきました。私が自分のことだけを話し続けるのがしんどかったというのもありますが、実際にマイクを持ってもらうと、とても切実な生きづらさや苦境を語ってくれる方が多くいたためでもあります。

そんなふうに、「対話型の街宣」が自然発生していきました。そう気づいてからは、聴衆にマイクを回して、出された疑問や質問に私が答えるというスタイルに変えていきました。選挙運動としては非常識かもしれませんが、NGOのシンポジウムなどでは普通のことなので、むしろ私にとってもやりやすく、学びの多い場になりました。

SNSなどでも話題になった、私が地べたに座って市民スピーカーの話を聴いている図も、こうしたなかで偶然に生まれたものでした。応援団のみなさんが私の演説までリレー形式でスピーチをすると聞いていたので、私もそれを聴きたいと思って、最前列でしゃがんで聴いていたのです。私にとってもそれが楽しいし、候補者が住民の声を聴くのは当然のことだと思ったからです。むしろ、区政に言いたいことがある人がいっぱいいるのだから、もっとみんなの言葉を聞きたい。そんな対話的な雰囲気が選挙運動のなかで生まれてきました。

投票前日まで更新され続けた「さとこビジョン」

私たちの政策集である「さとこビジョン〜対話から始まるみんなの杉並構想」のベースには、「住民思いの杉並区長をつくる会」の政策要望集があります。候補者が決まるはるか前から、数年の議論を経て包括的な政策集を完成させていたのも、杉並の運動の力量だと思います。ただ、どちらかというと区政への要求・要望に近いものだったので、その内容を踏まえつつ、より選挙公約として包括的で、現実的に実行可能な形に調整していきました。

でも、日々の街頭宣伝や集会で区民の声に耳を傾けていると、区政についてのいい情報も悪い情報も、どんどん入ってきます。それをできるだけ反映して、さとこビジョンは選挙運動中もさらに内容が豊かなものになっていったのです。

たとえば、地域に暮らす障がいのある方からは、バスの移動支援についての要望がありました。シングルマザーの方からは、区立中学の修学旅行に支給されていた支援費がなくなったことを教えてもらいました。

こうした街頭の声をすぐにメモし、移動中の20分、30分の時間で、選対本部長の内田聖子さんはじめ選対スタッフと電話で話し、公約に追加してもらいました。こうしてバージョンアップを重ね、最終的にさとこビジョンは、バージョン0から投票前日のバージョン3まで更新されました。

討論を避ける政治文化

選挙期間中に公開討論会がありました。実は、私はずっと対立候補と公開討論をしたいと言っていたのです。しかし他の候補が応じてくれなければ討論会はできません。選対のスタッフも、知名度のない私はとにかく街頭で顔を売ることが大事だからと、消極的でした（この「顔を売る」ことに、私自身はまったく意味を感じられなかったのですが）。

でも一回だけ、ＪＣ（日本青年会議所）主催の公開討論会があって、そこには他の二人の候補者も参加したのです。そこでわかったのは、選挙の候補者が討論に慣れていないということでした。用意してきた演説を一方的にしゃべることと、相手のいる政策討論は別物です。

これは欧米では政治家として致命的なのですが、日本の政治家はそういう訓練を受けないようです。ヨーロッパでは、街頭でも市民が候補者に質問や議論を自由に投げかけて、それにどう的確に応えられるかをメディアも報道しますし、有権者も大きな判断材料にします。公職に就いてからも、言葉で人を説得したり討論したりする能力が問われるのですから、ここをシビアに見ない日本の選挙はほんとうに不思議です。

討論会の中で、候補者がお互いに質問をする時間があるのですが、そこで何を質問するかも事前に仲間と議論しました。選対の中では、現区長がコロナ禍の緊急事態宣言下でゴルフ場に行っていたという不祥事を追及するべきだという声が多数だったのですが、私は直感的に、そういうことのために貴重な質問を使いたくないなと思いました。もっと建設的なことを訊きたかったのです。

それで、直前に一人で考えて、インボイス制度について訊くことにしました。杉並区にはフリーランスで働く人や小規模な商店も多く、インボイス制度が導入されると大きな影響を被るからです。ところが、現区長も含む他の二人の候補者は、インボイスのことを詳しく知らなかったのです。国の法律で導入されるので、区がどうこう言える問題ではないというのはその通りかもしれません。でも、結果的には区民生活を大きく左右する問題で、しっかりと認識を持っておくことが、区長の責任ではないでしょうか。

結局、この公開討論会はオンラインで5000人以上が視聴したそうなので、一定の影響があったと思います。

最終盤のラストスパート

投票1週間前の告示日を超えたあたりから、市民団体とかかわりのない、いわゆる普通の市民の人たちが足を止めて、中には応援に加わってくれる人も現れるようになり、手応えを感じはじめました。

投票日の直前の金曜の夕方には、高円寺の駅前ロータリーの広場に音響機材を設《しつら》えてもらって、広場集会を開催しました。高円寺のリサイクルショップ「素人の乱」店主の松本哉《はじめ》さんや、商店街の元会長の「さいとう電気サービス」の店主さんを迎えてトークライブを行いました。聴衆にはパンクロッカーのような一団もいて、私に対する批判的な質問もあれば、「そもそも政治なんて信用できない」といった発言も含めて、自由でアナーキーな雰囲気。こういう杉並らしい選挙運動ができたことは嬉しく思いました。

最終盤で忘れられないエピソードがあります。選挙期間中に配る、いわゆる証紙ビラに、一文字ですが重要な誤植があったときのことです。私の著書について「先進国に広がる再公営化の動き」という文章が「再民営化」になっていました。一文字とはいえ、まったく逆の意味なので、どうしようかと悩みましたが、私の知らないうちに、みんなで集まって訂正シールを貼ることになり、SNS等での呼びかけに応えた5、60人がわずか2時間で1万6000枚に訂正シールを貼り終えてくれたのです。こうした熱量が、最後の競り勝ちにつながったことは間違いありません。

勝利は万歳三唱なしで

こうして、6月19日の投票日を迎えました。投票率は37・52%でした。有権者の6割以上が投票に行っていないわけですが、前回の区長選からは5・5ポイントも上がり、区民の関心が高かったことがうかがわれます。

区長選挙は、当日には結果が出ません。翌日の朝から開票結果を事務所で待ちました。でも、速報される票数がどこまで行っても現職と私が同数で、差がつかないのです。

メディアの記者たちも集まっていましたが、すぐに結果が出そうにないので、仕方なく事務所の二階でストレッチをしたり、外で待っている記者さんたちを中に入れてお茶を出したりして、なるべく緊張を緩めようと努めていました。

ひとつだけ考えていたのが、もし仮に当選しても、万歳三唱だけはしたくないなということ。その代わりにできるコールを、みんなで段ボールのプラカードに書いて準備しようということになりました。実は、このためのコールの言葉を、私は前日の夜に考えていたのです。何も準備しなかったら、きっと流れで万歳三唱になってしまったので、これは自分でも偉かったと思っています。

そしてお昼ごろ、やっと当確の報が入りました。わずか187票差。ぎりぎりで競り勝ったことに、事務所はさらに大きく沸き立ちました。

「みんなのことは　みんなで決める！」

「児童館守って　ゆうゆう館守ろう！」

「商店街守って　街並み守ろう！」

「あしたの杉並　みんなでつくろう！」

私が前日に考えたコールをみんなが唱和して、喜びを分かち合いました。でも、もちろん、ほんとうに大変な日々はこれから始まるのだということも、頭では理解していました。

3

ミュニシパリズムを指針に、新しい杉並区へ

役所をチームにするために

当選が決まってから就任までは、さらに目の回るような日々となりました。区長の仕事に就くために準備すべきこと、学ぶべきことは無数にあります。

私は当選直後から、「私に投票しなかった区民の声も積極的に聴き、対話を深めたい」ということを表明していました。区民の中にもさまざまな意見があり、それを調整して合意を形成していくのが地方自治です。と同時に、区議会の会派構成も、役所内の体制も以前のままなのですから、対決姿勢だけでは動かせないというのが厳然たる事実でした。

就任直後は、各部署の職員からのレクチャーが1日8時間、1週間にわたって続きました。ここで区のいままでの取り組みと優先課題が説明されます。行政機構の仕組みや運営のされ方も知らない私は、まずは学生になったつもりでよく聴いて勉強しよう、という姿勢で臨みました。

市民の声援をうけて初登庁

前区長を支えてきた職員のあいだには、私に対する不信感や、もっと言えば反発を抱いていた人もいたでしょう。彼らがサボタージュして私に情報を伝えないこともできたかもしれませんが、いまから思うと、幹部職員のみなさんは、私の就任が決まったときから頭を切り替えて、新人区長の私を支えていこうという姿勢になってくれたと思います。

後から聞いたところによると、私の当選から就任までに、役所の中では私の選挙公約を各部署あげて分析し、すでに実行しているもの、予算措置がなくても実現できるもの、予算措置が必要なもの、時間をかけて検討が必要なものに分類した仕分け作業がすでに行われていたそうです。そして、政策ごとに実現に必要な条件や課題をまとめた分厚いファイルを見せてくれました。それを見たとき、本気で私のビジョンを実現しようと考えてくれているんだと実感しました。

さらに、その資料を区民にも公開しようというアイデアが幹部職員から出たのです。政策決定のプロセスというのは、ふつう外部には出さないようなのですが、「これからは新しい時代なんですから」と幹部職員の一人は言ってくれました。情報公開と透明性を公約に掲げた私にとって、その発案は何より嬉しいことでした。同時に、この職員たちとチームとしてやっていけるという確信がより深まりました。

12年も君臨したトップダウン型の区長のもとでは、役所の中も上意下達が常になり、若い職員や女性の声が出にくくなっているように感じました。私は、職員たちがのびのびと働ける労働環境をつくるとともに、みんなが自由に意見が言えて、チームとして動けるように、職場の雰囲気から変えていこうと考えました。就任後、幹部だけでなく、いろいろな部署の職員とお茶を飲みつつ会話する時間を設けました。職員の労働時間を短くするための業務の見直しや、ハラスメントのない職場づくりにも今後取り組んでいくつもりです。

職員たちも、さまざまな苦労を抱えて仕事をしています。過去のことを責めるのではなく、これからは別のやり方に変えていこう、という前向きな姿勢になれればいいのです。道路拡張にせよ児童館の問題にせよ、区の抱える悩みも正直に伝えて、区民と一緒に頭をひねっていけばいい。過去に間違ったことは改めればいいし、どうしても変えられないところは言葉を尽くして説明すればいい。そういう率直な姿勢でいいんだということが職員たちにも伝わって、全体として硬直した雰囲気が緩んだという実感があります。

議会でも、議員の質問に対する職員の答弁が、前より正直に話している雰囲気になってきたと、長年傍聴をしてきた市民の方が言ってくれました。

議会の前や会期中は、役所の中でも答弁の作成のために膨大な準備をしますが、個別の問題に関しては区長がノータッチという場合もあります。ですが、私はなるべくその準備の会議にも出席して、答弁内容を把握しておくよう努めました。私自身の学びにもなるからです。

年が明けて始まる定例議会では、次年度の予算案を提出することになります。これまでは、すでに着任時に当初予算や行政計画で決定されていたこともあり、安全運転に徹してきましたが、ここでようやく私のビジョンを具体的に政策として打ち出していくことができます。でも、ここでもやはり、大切にしたいのは対話とコンセンサス（合意形成）です。前の区政を全否定するのではなく、これからはもっと開かれた行政と住民の関係をつくっていくというスタンスで臨んでいきたいと思っています。

草の根から民主主義を再生するために

こうして、私の区長としての仕事が滑り出しましたが、まだまだ、本格的な改革に取り組める段階ではありません。杉並区がミュニシパリズムを名乗るに足る自治体になるには、もう少し時間がかかるでしょう。

でも私は、ミュニシパリズムとは、個別具体的な政策ではなく信念であり態度なのだと思います。住民が互いを信頼し、対話と協働を通じて地域の問題を解決していくという、強い確信と倫理観こそが市民政党や首長を生み、「恐れぬ自治体」をつくるのです。杉並の現状はまだまだそれに遠いけれども、そのための土壌をいまつくっているのだという実感はあります。

気候変動問題、住宅政策、地域の食糧自立など、取り組むべき課題は無数にありますが、いずれにおいても、住民との対話と協働、コンセンサスが不可欠です。それこそが自治であり、行政も住民も、ともに成長していくことができるはずです。逆にいえば、その姿勢がないまま政策だけをトップダウンで下ろしても、定着しないでしょう。

そう考えると、最大の課題は区役所や議会との関係以上に、住民との関係をどうつくっていくかということだと思います。自治の主役は住民であり、行政はそれを支える立場です。そのためには、まず議論の前提となる情報公開の徹底が欠かせませんが、住民の声が区政に反映されるように、積極的に声を聴く回路が必要です。

たとえば児童館や集会場といった公共施設の管理ひとつとっても、かつては区の直営で利用者とともに運営されていましたが、近年の行政改革と新自由主義の流れのもとで、受益者負担原則や指定管理者制度など、効率や市場の論理で行われるようになりました。過去数十年かけて、住民による自治的な関与の回路はどんどん壊されてしまったのです。

同時に、行政の職員もどんどん非正規化されてきました。いまや、会計年度任用職員という名の非正規職員が全体の４割をも占めるようになっています。杉並区も例外ではありません。その仕事は必ずしも補助的業務ではなく、むしろ彼ら彼女らがいなければ仕事が回らないという状態が、どこの自治体でも常態化しています。このような状態で、住民の声に丁寧に耳を傾けるのは困難ですし、業務の専門性も継承されず、住民へのサービスの質は低下していきます。

公務員バッシングなどを通じて自治体が正規職員を減らし、業務も過重労働化していった結果、労働条件の劣化と住民サービスの低下という形でツケが回ってきました。職員の労働条件の改善は一朝一夕にできるものではありませんが、職員の働きやすさが住民にとっても住みやすさにつながるということは、住民にも理解を得ていきたいと思います。

住民の声をどう届けるか

住民自治や地域コミュニティの重要性を強調してきましたが、実際に生活者から見ると、自治に参加するといってもピンと来ない人が大多数でしょう。都市部に暮らす住民はとくに地域とのかかわりが希薄になっています。街づくりや税金の使われ方に疑問や違和感があったとしても、それを行政に伝える回路は乏しく、そのために労力をかけようとも思わない人が多いでしょう。

近年はパブリック・コメントとして個別の政策に住民の意見を募集することがありますが、多くの場合、行政側の方針が概ね決定した段階で行われ、それによって大きく方針が変わるということはほぼありません。大切な制度ではありますが、それだけということになると、「住民の意見もいちおう聴きました」というお墨付きのための制度となってしまいます。

こうしたことが続いていくと、住民の中には、自分たちの意見は尊重されていない、意見を言ったとしても何も変わらないという無力感だけが残ります。行政側も住民の声をクレームのようにしかとらえず、どうすれば既定の路線を変えずに済むかばかりを考える。これでは、お互いに不信感が募るばかりの悪循環です。

私に言わせると、パブコメのよくないところは、個人の意見にしかならないことです。行政から見れば、個人の意見にすぎないというのが逃げ道になってしまう。行政を動かせるのは、住民の声が横につながってコレクティブ（集合的）な力になるときです。

自分たちの声が正当に受け止められ、政治のあり方に影響を与えられる。それによって、より行政への信頼も増し、地域のよりよい未来を想像することができる――というプラスの循環に変えなくてはなりません。

現代的な地域コミュニティのあり方とは

町内会や商工会といった伝統的な仕組みが、かつては地域の声を吸い上げる役割を果たしていました。でも、現代の都市部で、今後ともそうしたシステムが過去と同じように機能することは難しいでしょう。若い世代にも参加できる、別の回路を考えなくてはなりません。

杉並区民の中には、市民参加を促す回路をつくるために、いくつかの動きがあります。

そのひとつは「杉並コモンズ」という、ゆるやかなネットワークづくりです。これは、私の選挙を応援してくれた市民団体などが、各自の課題にはそれぞれ取り組みながら、選挙がないときにも横のつながりを持ち、さまざまな地域活動の母体となっていくプラットフォームです。

また、行政として取り組むものとして、気候市民会議の設置を公約に掲げました。住民の中から無作為に抽出された代表者たちが対話し、熟議を通して区として取り組むべき具体策を提案していくものです。

区の予算の一部を参加型予算として、一定額を区民が議論して使いみちを決めるというアイデアもあります。これに対しては、議会による予算の承認は議会制民主主義の根幹だとして批判的な人もいますが、やや的外れだと思います。参加型予算は、住民が払った税金の使途を自分たちで議論することで、自治の主体としての当事者意識を回復するツールなのです。全体の予算は、選挙で選ばれた議会が責任をもって決めますが、その前段階で、一部の使途を住民の討論に委ねると決めることは、議会軽視ではないと思います。

また、政策決定においては、住民だけでなく専門家の意見も重要です。従来の審議会だけに頼るのではなく、住民と専門家と行政が自由に対話し、政策決定に反映していくような形も考えるべきだと思います。

ほかにも、さまざまなアイデアがありますが、参加の方法はひとつではなく、いろんなツールがあればあるほどいい。環境問題に関心がある人、子育ての当事者、地域の中小企業経営者など、住民の問題関心はさまざまです。各自の当事者性や、関心がある分野を入り口とすればいいのです。若い世代にも、地域に貢献したいとか、街を住みやすくしたいという気持ちを持った人はたくさんいます。しかし、仕事や子育てに忙しいなかで、ばくぜんとコミュニティに参加しましょうと言っても難しいでしょう。分野別、課題解決型にして、参加したくなる回路を複数つくっていくことが大事だと思います。

こうして、多様な回路で住民の声を吸い上げ、区の意思決定に組み込んでいくことが、住民の主権者意識を育んでいくはずです。政治には、インスティテューション（組織・機構）の政治とストリート（路上）の政治があります。私は、いまはインスティテューションの政治を担う立場なので、そこで職責を果たしますが、インスティテューションの政治だけでは独善的になりやすい。常にストリートの政治が行政を監視し、要求を伝えてこそ、バランスのとれた政治が実現するのだと思います。二つの政治を結びつける回路が、もっともっと増えていくといいと思います。

若い世代、次世代のために

若い世代の政治や地域の問題への無関心が指摘されて久しいですが、無関心であればあるほど、一部の人や企業のために行政や公共財が利用され、自分たちの生活も苦しくなっていく。そこに気づき、考えることを放棄しないでほしいのです。

生きていく上で起こる、さまざまな理不尽や違和感を自己責任論に押し込めず、一人ひとりが当事者として問題化していく。その入り口になれるのが地域の課題だと思います。疑問や違和感があれば声に出していい。声に出すことで何かを変えることができる、それが社会をよりよくしていくという好循環を、若い世代にも感じてほしいと思います。

現在の20代、30代やその子どもの世代に、それを実感してもらえる社会にしていくことが、自分の世代の責任だと思って選挙にも立候補しました。いまの子どもたちにとっては、気候変動が自分たちの未来にかかわる問題だということも、身近に外国ルーツの友達がいることも、ジェンダー平等や性的多様性の尊重も、当たり前のことになっています。上の世代が古い考え方にとらわれることで、子どもたちの柔軟な思考を狭い枠に押し込めてしまっていないでしょうか。いままでの「政治家」のイメージから遠い変わり者が区長になって、街の雰囲気がなにか変わってきたということが、若い世代が新しいことにチャレンジする後押しになってくれればいいなと思います。

指針としてのミュニシパリズム

以下の各章では、私がＮＧＯ時代に研究してきたヨーロッパや中南米のミュニシパリズムの実践事例を紹介していきます。日本の閉塞した民主主義の状況から見ると、こうした例はやや先進的すぎて参考にならないように思えるかもしれません。

国ごとの違いもありますが、概してヨーロッパのほうが、市民の主権者意識や民主主義に対する信頼が高いことは事実だと思います。けれども、私が伝えたいのは、ヨーロッパは進んでいて日本はダメだということではありません。どの国でもそれぞれに抱える課題があり、そのもとで、自分たちにできる可能性を追求している草の根の市民がいる。その取り組みは個別のようでいて、大きな潮流としてつながっています。

危機的な気候変動への対処、地域の食糧自立、エネルギー主権の回復、地域内の循環型経済と良質な雇用の創出、住む権利に基づく住宅政策、移動する権利に基づく公共交通などなど——いずれも、これまで国家や企業の論理で蝕まれてきた地域の公共財（コモンズ）を、99％の人々の手に取り戻していこうという潮流です。この文脈のもとでは、ヨーロッパや中南米の市民も日本の私たちも、同じ課題に取り組んでいるといえます。

各地域がこうした課題に取り組み、民主的な解決策を見つけていく。そして、それが水平的につながり、世界全体の問題解決にもなっていく——それは決して夢物語ではありません。世界全体の最先端の問題でありながら、同時にもっとも身近な生活の問題として、私たちの足元から実践できる、大きな希望の手がかりなのです。それを念頭に置きながら地域の課題に取り組む、グローバルな視野を持った主権者が求められています。

ヨーロッパにはヨーロッパの先進性がありますが、日本にもまだ失われていない良さがあります。公共的な福祉や医療のシステムが曲がりなりにも機能していること、経済の停滞にもかかわらず治安や都市環境がそこまで悪化していないことなど。平和主義と基本的人権を掲げた日本国憲法があることも、大きな防波堤です。

私は、こうした大きな変革のビジョンを、これから杉並区の地域の政治に落とし込んでいくことに取り組みます。みなさんも、それぞれの地域で、同じプロジェクトに取り組んでくださることを願っています。

第1章 ミュニシパリズムとは何か

「恐れぬ自治体」サミットに登壇した各市の代表たち
(2017年6月, Photo by Diario de Madrid - Manuela Carmena: “Las ciudades sin miedo cambian el mundo”, CC BY 4.0)

1

2019年1月16日
世界各地で急成長するミュニシパリズム

いまヨーロッパでは、バルセロナ（スペイン）、ナポリ（イタリア）、グルノーブル（フランス）など、革新的な勢力が市政につく自治体が「ミュニシパリズム」という言葉を掲げて、つながりを強めている。

近年の極右の台頭、新自由主義による格差の拡大、既存の左派政党の転落、気候変動といった複数の危機のなかで、この聞き慣れない言葉が、確かな希望として急成長している。本章ではミュニシパリズムについて、それがどのような社会背景から生まれてきたのか、何を成し遂げようとしているか、具体的な例を見ながら考えていきたい。

左派への失望、弱者に向かう人々の怒り

数十年続く新自由主義イデオロギーのもとで、ＥＵや多くのＥＵ加盟国の中央政府はますます国

際競争を激化させ、多国籍企業の投資を促すルールづくりに執心し、国民は置き去りにされている感が強い。貧富の差の拡大は否定しがたい事実で、多国籍企業や富裕層による税回避や脱税は大っぴらになっているにもかかわらず、効果的な取り締まりは遅々として進まない。人々と政治との距離はどんどん開き、あきらめ感や閉塞感が広がる。

この10年の有権者の社会民主党離れは著《いちじる》しい（たとえば得票率では、フランス24・7%→7・7%、オランダ21・2%→5・7%、ドイツ34・2%→20・5%）。程度の差はあれヨーロッパでは、社会民主的な福祉国家の維持に対する社会的な支持基盤があったが、中道左派政権がますます新自由主義的な傾向を強め、他の保守、右派、自由主義政党とはっきりと区別がつかなくなった。左派支持層は失望し、若者は政党というトップダウンで硬直的な組織そのものに希望を持てず離れていった。社会民主党政権が新しいビジョンを示せないなかで、普通の人々の不安や怒りは、さらに弱い者に向かいやすくなっている。

排他主義、外国人嫌悪《ゼノフォビア》、移民・難民への攻撃を主張の中心に据える極右勢力が、少なくない国々で台頭して力をつけているのは、このような怒りや不安の受け皿になっているからだと、多くの知識人が指摘する。極右権威主義政党がハンガリーやポーランドで政権につき、オーストリア、イタリア、チェコで連立政権に入っている。2019年5月に行われた欧州議会議員選挙においても、極右勢力の躍進が深刻なまでに進んだ。こういう状況のなかで、ミュニシパリズムという具体的な希望が同時に急成長しているのだ。

地方自治体の意である「ミュニシパリティ（municipality）」から来ているミュニシパリズム（あるいはミュニシパリスト）は、政治参加を選挙による間接民主主義に限定せずに、地域に根づいた自治的な民主主義や合意形成を重視する考え方だ。ミュニシパリズムを掲げる自治体は、市民の直接的な政治参加、公共サービスの再公営化や地方公営企業の設立、公営住宅の拡大、地元産の再生可能エネルギーの促進、行政の透明性と説明責任の強化といった政策を次々に導入している。

２０１８年11月に欧州議会内で開催した「ミュニシパライズ・ヨーロッパ！（ヨーロッパをミュニシパリズムで民主化する！）」と題する討論会には、バルセロナ、ナポリ、グルノーブルに加え、アムステルダム（オランダ）、パリ（フランス）、コペンハーゲン（デンマーク）、ルーベン（ベルギー）の副市長、市議たちが登壇した。いずれも近年の選挙で市政与党となった議員たちだ。

この討論会は、トランスナショナル研究所（ＴＮＩ）、コーポレート・ヨーロッパ・オブザーバトリー（ＣＥＯ）[*1]、バルセロナ・コモンズ[*2]が、欧州議会の政治会派「緑の党グループ・欧州自由同盟」の協力を得て、ブリュッセルの欧州議会内で行ったもの。ミュニシパリズムは現在進行形の新しい政治・社会運動で、日々成長しているため体系的に説明するのは難しい。この討論会での議論を紹介しながら理解を深めていきたい。

＊1　ＣＥＯ…　ブリュッセルを拠点に、ＥＵの政策決定におけるビジネスロビーの独占的影響を監視し、民主化を求める調査・キャンペーンＮＧＯ。
＊2　バルセロナ・コモンズ（Barcelona En Comú）…　スペインにおける経済危機下での住民の住居強制退去な

ども闘い、市民の社会的権利を拡大するために結成された市民連合で、2015年の地方選挙でバルセロナ・コモンズとして候補者を擁立。草の根の選挙運動で第一党となり、反貧困と住居の権利の活動家であるアダ・コラールが市長となった。

「市場よりも市民を優先」イタリアでの実践

討論会の最初の登壇者、1988年生まれのエラアノラ・デ・マヨは、2016年の選挙でナポリの市議になった。違法な債務問題に取り組んできた活動家で、「民主主義と自治党」(DemA)の所属だ。DemAは現ナポリ市長ルイージ・デ・マギストリスが設立した政党。マギストリスは、2011年に当選して以来、「コモンズ」(＊3)を政治の中心に据え、参加型民主主義を実践してきた先駆的な存在である。最近では、極右政党「同盟」を率いる内相が主導し成立させた反移民法について、フィレンツェ、パレルモの両市長とともに、違憲であるとして従わない意向を表明した。

イタリア市民は公営水道の一部民営化を強制する法律を覆すために、2011年に国民投票を組織し歴史的な成功を勝ち取った。これによって水道事業から利益を上げることを禁止する憲法改正にこぎつけたが、多くの自治体がその精神に従わず、利益追求型の水道サービスの形態を変えなかったので、市民の怒りと失望は大きい。そのような背景があるなかで、マギストリス市長率いるナポリ市は、全国に先駆けて水道サービスの公的所有を確立し、水をコモンズ＝公共財と位置づけた改革を行った。

マヨはミュニシパリズムをこう説明する。

「ミュニシパリズムの自治体は『利潤と市場の法則よりも市民を優先する』という共通の規範を共有している。その意味は、社会的権利の実現のために政治課題の優先順位を決めること、新自由主義を脱却して公益とコモンズの価値を中心に置くことである。

公共サービスの公的所有を推進する、普通の人が払える住宅の提供と価格規制をする、環境保全と持続可能なエネルギーを推進する……といった具体的な政策が、ミュニシパリズムの自治体には共通している。とはいえ、そうした革新的な政策だけが目的ではない。創造的な市民の政治参加によって、市民権を拡大する過程を重視する。さまざまな方法で直接民主主義的な実験を積極的に行っている」

マヨの専門分野である違法な債務問題とは、銀行の利子、有害な金融商品、公的セクターの汚職などによって累積した公的債務の一部を、違法として帳消しを求める運動である。

ナポリ市は、1980年の大地震後の緊急措置と、2008年の金融危機で債務が累積した。何百億ユーロにもなる債務の返済が財政を圧迫し、必要な公共サービスを住民に提供することよりも債務返済を優先しなくてはならないという、いかんともしがたい状況にある。そこで、同じような債務超過状態のトリノ市などと協力して、自治体の債務を精査し、違法に作られた債務については帳消しにするよう中央政府やEUに働きかけているのだ。

マヨは、緊縮財政と違法な債務が南ヨーロッパの国々で当たり前の前提となってしまっている現状に対して、市民的不服従の精神による「自治体的不服従」を訴える。実際にナポリ市は、中央政府が新規に学校の教師を採用することを許さなかったことに服従せず、教師を新規採用した。そしてこの行動は、国の最高裁判所で容認されたのである。

＊3　コモン（ズ）…　特定の個人ではなく共同体や社会全体に属する、産業や生活にとって必要不可欠な社会的資本のこと。水道や公園といった社会的インフラ、報道、教育、医療などの制度、さらには、それらを支える森林や大気など地球環境全体までも含む。

バルセロナはミュニシパリズムの先駆的存在

バルセロナでは、いまだかつてない進歩的な地域政党「バルセロナ・コモンズ」が市民運動から誕生し、２０１５年の地方選挙で勝利した。バルセロナはミュニシパリズムの先駆的・中心的な存在で、さまざまな既得権益と闘いながら、市民とともに変革を進めてきた。

２０１８年12月30日のニュースによると、市は１００件目となる市立保育園の設置を実施。27日のニュースは、市が22件目となるアパートの買い取りを行い、いままでで最大規模の１１４世帯が入居できる公営住宅が誕生したことを伝えた。バルセロナ・コモンズが市政を担当してから、合計で８９６０世帯分の公営住宅を新たに供給できたことになる。その他にも、低所得世帯が利用できる公営の葬儀サービス会社の設立、ドメスティック・バイオレンス（ＤＶ）被害者救済サービスの再公営化、地元産の自然エネルギー供給公営企業を設立するなどし、いずれも軌道に載せている。討論会に登壇した、バルセロナ・コモンズの理論的支柱でもある第一副市長ジェラルド・ピッサレロはこう語る。

「2015年の選挙のとき、活動家として行動してきた私たちの多くは、従来の政治体制を変える挑戦に挑むにあたって、具体的に人々の生活を改善するミュニシパリズムが最良の武器になると信じ、そして勝利した。私たちは恐れと緊縮財政の政治に代わる、創造的で確かなオルタナティブを自治体から実践してきた。政治の優先課題を変え、地域経済への投資、各地区の予算の増加、不安定雇用を減らすこと、住宅立ち退きから住民を守ること、科学と技術イノベーションの強化、水やエネルギーといった公共財を守ること、大気汚染の削減などを真摯に、そして効果的に行ってきた」

ピッサレロは、経済の民主化、連帯、ミュニシパリストのビジョンとその国際連携によって極右の台頭に対抗することを提案する。この国際主義こそ、ミュニシパリストが地域的な保護主義と一線を画する最大の特徴である。

ミュニシパリストが国際連携しネットワークするというこの考えを、バルセロナは2016年に「フィアレスシティ（恐れぬ自治体）」の設立を呼びかけることで具体化させた。フィアレスシティは、抑圧的なEUや国家、多国籍企業、マスメディアを恐れず、難民の人権を守ることを恐れず、地域経済と地域の民主主義を積極的に発展させることへの制裁を恐れないと謳《うた》う、住民と自治体の国際的なネットワークだ。2018年はニューヨーク（米国）、ワルシャワ（ポーランド）、バルパライソ（チリ）、ブリュッセル（ベルギー）でフィアレスシティ会議が開かれた。最近ではアムステルダム市、コペンハーゲン市が、自治体議会の決議を経てフィアレスシティの名乗りを上げた。

経済と労働分野の政策責任者であるピッサレロは「自治体にとって公共調達（＊4）は、もっとも有力なツールである」と言う。自治体が公共調達において、人権侵害に加担する企業や脱税している企業に入札させないだけでなく、地域内の生産者組合によって生産された物やサービスを積極的に購入することで、地域経済を振興することも可能である。

ピッサレロによれば、このような政策の発展の最大の障害は、EUの公共調達指令と国家補助金規制である（後述のグルノーブルの例を見てほしい）。また公的債務問題については、市として民間金融機関から資金調達する依存度を減らし、信用金庫やパブリック・バンク（州政府や地方自治体が運営する銀行）と連携することを提唱している。

＊4　公共調達……政府や地方自治体、政府機関が物品やサービスを購入すること。

エネルギーの再公営化をめざすグルノーブル

アナ・ソフィー・オルモスは、無所属でグルノーブル市のミュニシパリズムのリーダーシップをとる、若き女性市議である。

グルノーブル市は、フランスで2000年に水道サービスを再公営化したパイオニア。現在、同市は温室効果ガスの低減に向け、暖房や街灯などをすべて地元のエネルギーサービスで賄《まかな》うべく、エネルギーの再公営化をめざしている。再公営化は環境的な目的だけでなく、電気料金の支払いができない世帯を守る料金体系を設定する、社会的な政策も可能にする。

学校給食についても常に公共の管理のもとに置いており、さらに現在は地元産の100％有機食材使用をめざしている。しかし、市が地元の農家と学校給食の食材提供の契約をしようとしたところ、EU単一市場下の「公共調達指令」(＊5)によって、公開入札を義務づけるルールに直面した。このルールによれば、市が給食のために地元の有機農産物を優先的に購入するのは差別的だということになり、画一的な給食サービスを提供する多国籍企業にも入札させなくてはいけない。

これに対し、グルノーブル市は創造的な解決策を見出した。小学校の生徒が学習の一環で、給食の食材がどこから来るのかを勉強するために農場を訪問するので、地域内のサプライヤーでなくてはならないと唱え、成功したのだ。

また、グルノーブル市には市民参加型予算制度(＊6)があり、オルモスは市議としてそれを担当している。この市民参加型予算の枠組みを使い、市民の要求が予算化されて、市立図書館の閉鎖を回避できたこともある。参加型予算は、市民が地域の優先課題を話し合う重要なツールだと、オルモスは言う。

＊5　ＥＵ単一市場…　ＥＵ加盟国間での資本、労働、商品、サービスの移動の自由を容易にすることを目的とし、そのために参加国間に存在する物理的（国境）、技術的（基準）、財務的（税制）な障壁を撤廃する政策。

＊6　市民参加型予算…　自治体の予算配分を行政および議会ではなく、その自治体に住む住民が一部決定する制度。

住宅不足と自治体による Airbnb 規制

私が所属するトランスナショナル研究所の拠点であるアムステルダム市は、２０１８年春の地方選挙で左派緑の党（GroenLinks）が勝利して革新自治体となり、住民との連携は格段に強まった。討論会に登壇したルトゥハー・フロート・ヴァーシンクは、副市長として党内でラディカルな勢力を引っ張っている。ルトゥハーは、バルセロナ市の民主主義を深化させる政治に感銘を受け、そこからミュニシパリズムや直接民主主義の手法を学ぼうとしている。アムステルダムはフィアレスシティ・ネットワークに積極的に参加し、フィアレスを規範とする政策プログラム立案が始まった。みずからも２０２０年にフィアレスシティ会議を主催することを決議している。

アムステルダム市は、Airbnb(＊7)の規制にいち早く乗り出し、Airbnb の民泊を年間30日までと限定した（30日以上民泊を提供するということは、そこに居住している事実が薄いとみなす）。企業や資本家がAirbnb 用に不動産を買い占めることが問題になっていて、他の首都同様、アムステルダムの住宅不足と価格高騰は深刻かつ緊急課題だからだ。

住宅はパリ市でも緊急課題である。２００１年に全体の13％しかなかった公営住宅は、２０１８年にようやく21％まで増えた。世界有数の観光都市であるパリは、Airbnb の規制と民間の賃貸住宅の家賃上限規制を熱望しているが、中央集権国家であるフランスでは自治体にこの権限はない。パリの共産党市議で住宅政策を担うイアン・ボロサットは、ＥＵが率先して域内の住民の権利を守る規制をするべきだとし、多国籍企業の利益を優先して規制を緩和していることを批判した。ＥＵが規制をしないなら、自治体にそれをする権限を与えてほしいという訴えは切実であった。

＊7 Airbnb（エアビーアンドビー）… 正式な宿泊施設ではなく、現地の住民が自宅など一般の住居を宿泊施設として提供し、旅行者との間をインターネットで仲介する米国企業のサービス。

対抗手段としてのミュニシパリズム

各都市の具体的なアプローチを見ることで、ミュニシパリズムの精神、価値、実践、挑戦が少しでも伝えられただろうか。

ミュニシパリズムは、緊縮財政、若年層の失業、政治の腐敗、違法な債務に対して市民が立ち上がる機運の強いスペインでとくに力強くネットワークしている。バルセロナだけでなくマドリッド、サラゴサ、バレンシア、カディスなどの都市でもミュニシパリストの市民連合ができ、選挙で勝利した。選挙で勝つことも重要だが、ミュニシパリズムの運動の新しさは、既存の政党という組織形態をとらず、具体的な変化を市民とともに起こすことにフォーカスしている点だろう。

まとめるならば、国家主義や権威主義を振りかざす中央政府によって人権、公共財、民主主義が脅かされるつつある今日、ミュニシパリズムは地域で住民が直接参加して合理的な未来を検討する実践によって、自由や市民権を公的空間に拡大しようとする運動だといえる。

具体的には、社会的権利、公共財（コモンズ）の保護、フェミニズム、反汚職、格差や不平等の是正、民主主義を共通の価値として、地域、自治、開放、市民主導、対等な関係性、市民の政治参加を尊重する。ミュニシパリズムは普通の人が地域政治に参画することで、市民として力を取り戻すことを求め、時にトップダウンの議会制民主主義に挑戦する。政治家に対しては、地域の集会の合意を下から上にあげていく役割を、１００％の透明性をもって行うことを求める。

私は本書で、ヨーロッパでの「進歩的な」政治運動を称賛したいのではない。ＥＵというプロジェクトが国際競争を最大化する新自由主義により統合された結果、ヨーロッパ域内は日本では想像を超えるくらい市場開放が進み、行くところまで行ってしまったのだ。そしてその影響は、労働者や若者に深く広く浸透している。ＥＵという組織の構造的な非民主性はいかんともしがたいなかで、戦略的な対抗手段としてミュニシパリズムが成長しているのである。次項では、そのＥＵ政策の問題について具体的に取り上げたい。

2

2019年1月23日
ミュニシパリズムとEU
――資本の論理と公共のせめぎあい

ミュニシパリズムを阻害するEUのルール

前項では、ミュニシパリズムの成長と実践、具体的な政策を見てきた。本項では、このような市民生活を重視する革新的な政策の発展を、EUや各国中央政府の法律が脅かしている事実に注目する。

私が所属するトランスナショナル研究所は2017年から、EUのさまざまなルールやEU指令がどのように進歩的な自治体政策を阻《はば》むか、それを克服するための戦略や自治体間の協力について議論や調査をしてきた。前項で紹介した討論会「ミュニシパライズ・ヨーロッパ！」での内容から考えたい。

進歩的な自治体政策を行う際に問題になるEUの政策は、EU単一市場、貿易投資協定、緊縮財政、国家補助金（の禁止）のいずれかに関係することが多い。

少しややこしい話なので、それぞれ例を挙げてみよう。

①EU単一市場

個人が自宅の空いている部屋や家屋を民泊として登録し、旅行者などに提供するプラットフォームビジネス「Airbnb」が現れたときは、高価なホテルの代替案として歓迎され、世界中で大人気となった。しかし数年経って、「個人の空いている部屋」をはるかに超えて、企業や資本家が大規模に不動産を買い占めたり、従来の住人を大家が追い出したりしてAirbnbで提供する部屋に変えるといったことが、とくに大都市で起こったことがわかってきた。従来の住人に賃貸するよりも儲かるからだ。

旅行者が急増し、街の中心部では観光用の宿泊施設が従来の居住地に取って代わり、アパートの賃貸価格は急騰し、低所得者が追い出され、もともと地価の高かった首都はますます普通の人々にとって住めない場所になってしまった。過剰な観光問題や住居不足に直面したバルセロナ、アムステルダム、パリ、ベルリン、ブリュッセルなどの都市はAirbnbの規制に乗り出した。ところが、「住める街」を守るためのこうした規制が、EU単一市場下のサービス指令(*1)に抵触するとAirbnb社は主張している。

＊1　サービス指令…　EU域内のサービス市場の自由化を促すために2006年に成立。「指令」はEU加盟国の政府に対し法的拘束力をもつ法令のこと。

②貿易投資協定

最近、署名・発効されたメガ貿易協定が、ＥＵ−カナダ包括的経済貿易協定（ＣＥＴＡ）と日本−ＥＵ経済連携協定（ＪＥＦＴＡ）であるが、いずれもサービス分野の自由化が促進され、いったん自由化したサービスのレベルを後退させる（規制する）ことが許されない。これに、近年さまざまな領域で起こっている再公営化（いったん民営化したサービスを公的所有や公営事業に戻すこと）が抵触するおそれがある。

③緊縮財政

２００８年の世界金融危機以降、国や自治体の歳出を抑制する緊縮財政政策はＥＵの確固たる経済政策になり、とくに財政危機下の国家支出を厳しく抑制している。たとえばイタリアでは、国家から地方自治体への国庫補助金が実に75％も削減された。厳しくなる環境規制（たとえば大気汚染対策）や多様化するニーズに応えなくてはならない最前線の自治体は、大幅な財源の縮小に身動きがとれず、サービスを削減したり、資産を民間に売り飛ばさなくてはならない状況が広がっている。またＥＵの緊縮財政を、加盟国が拡大解釈する傾向もある。たとえばスペインの（前）国民党政権は２０１６年にモントロ法という法律を通し、退職した公務員に代わる新規採用を禁止し、新規に地方公営企業を設立することを禁止した。

④補助金の禁止

たとえば、地産エネルギー会社や障がい者を積極的に雇用する地元企業を支援するための補助金を、市や州政府が出すことを禁止するといった例がある。

企業による市場自由化のビジネスロビー

「ミュニシパライズ・ヨーロッパ！」討論会に先駆けて、EUの政策をウォッチするコーポレート・ヨーロッパ・オブザーバトリー（CEO）は、『アンフェアBnB』というレポートを発表した。Airbnb社が、自治体が市民への住宅確保のために将来行うであろう民泊の規制を、EUルール（EUサービス指令）によって許さないよう、EUの政策担当者にロビー活動を激しく行っていることを突き止めたものである。おりしもEUはサービス指令の改定を行っており、トランスナショナル研究所はこの改定案を問題視している。

EUサービス指令とはもともと、サービス提供の自由のために関税および非関税の障壁を除去し、EU域内のサービス市場の自由化を目的として2006年に制定されたもの。当時ヨーロッパでは、労働組合とNGOがこれに対する大規模な反対運動を展開し、その結果対象となるサービスの範囲を多少減らすことができた背景がある。それでも、この指令は広範囲なサービス業を網羅しており、たとえば自治体が土地利用について一定の許可や禁止をするゾーニング（都市計画）、住宅供給政策、電力や水道供給、ごみ処理サービスなど市民生活に影響する公共政策もその対象である。

地方自治を脅かすEUルール

このサービス指令の改定案として「EUサービス通知手続き」というものが出てきた。これはサービス指令を強化するだけでなく、市や州政府の政策決定の主権や地域自治の原則を脅かすものだ。「EUサービス通知手続き」は、EU加盟国の自治体が、EU単一市場やサービス指令に抵触するおそれがある規制や条例を採決する3か月前に、欧州委員会（EUの政策執行機関）に申し出ることを義務づけるというものだ。

一見、「それがなんで問題なの？」と読者は感じると思うので少し解説したい。

現行では、加盟国からの報告は条例の制定後でよく、欧州委員会は各国の規制がEUルールに抵触する可能性がある場合は勧告を出し、解決策をさぐることとなっている。このような「手ぬるい」措置をより強化したい国際的なサービス産業は、数年にわたってロビー活動を行い、今回の「EUサービス通知手続き」にこぎつけた。これが成立すると、EUが自治体の条例を事前にチェックし、必要な場合は欧州司法裁判所に持ち込むことができるようになる。自治体の政策決定を萎縮させることは間違いなく、また条例の制定に膨大な時間がかかるゆえ、事実上、効果的に条例制定を妨害できることになるのだ。

アムステルダム市は昨年9月、いち早くこのEUサービス通知手続きに反対決議を上げた。決議文は、EUサービス通知手続きが「地方自治体の自治に影響するもので、地方自治と民主主義を脅かす」と非難している。オーストリア連邦議会も「加盟国家の立法の主権を深く侵害する」と強い懸念を表明した。

ＥＵサービス通知手続き制定の過程は、企業によるロビー活動を許す一方で、市民には一貫して秘密主義と不透明性のベールに包まれている。企業ロビー以外に気づかれないまま２０１８年12月には決定されようとしていたが、市民団体の抵抗に遭い、ぎりぎりのところで止まっている。市民団体による緊急声明には、１００以上のＮＧＯ、労働組合、自治体などが署名した。巨大な会計コンサルタントや建築事務所に対抗できない小規模な建築家協会なども懸念を表明しはじめ、決定は２０１９年に持ち越された。

日本でも芽生える地域主権

日本では、２０１８年に安倍政権によって種子法が廃止された(＊2)。種子を開発するには膨大な労力と時間がかかる。今後は、種子の安定的な生産と普及において「国が果たすべき役割」を放棄し、種子を守るための予算が付かないことになる。さらには、国内の品種がいずれ大企業の供給する品種に置き換わっていくと専門家は懸念する。

これに対し、２０１８年12月、岐阜県議会が「種子条例」を制定すると報じられた。種子の安定供給に、国に代わって県が責任を持ち、市場任せにしないことを岐阜県は明確にしたことになる。埼玉県・新潟県・兵庫県・山形県も、種子法廃止と前後して、種子の安定供給を促す条例をすでに制定し、２０２２年６月時点で31道県が種子条例を制定している。

また同年12月には、多くの懸念を残しながら、コンセッション方式（＊3）を含む改正水道法が成立した。これに対して福井県議会は「水道法改正案の慎重審議を求める意見書」、新潟県議会は「水道民営化を推し進める水道法改正案に反対する意見書」を提出した。新潟県議会が決議で、コンセッション方式の導入は水道法の目的である公共の福祉を脅かしかねないとはっきりと述べ、「……水道法改正案は、すべての人が安全、低廉で安定的に水を使用し、衛生的な生活を営む権利を破壊しかねない」と、住民の権利に言及したことはすばらしい。このような地域主権、地域自治の表明は、民主的な議会での議論や地方自治をないがしろにし続ける強権的な中央政府を持つ国では、とくに重要である。

＊2　種子法廃止…　戦後に稲や麦、大豆などの優良な種子の開発・安定供給を都道府県に義務づけるため制定された「主要農作物種子法」（1952年）が、民間の種子開発意欲を妨げるとして2018年4月に廃止された。

＊3　コンセッション方式…　水道サービスの運営権の譲渡を含む、自治体と企業の長期の商業契約で、典型的な水道民営化の一形態。

自治体のリーダーシップをEU議会へ

2019年は日本もヨーロッパも選挙イヤーだ。日本では4月の統一地方選挙、7月の参議院選挙。欧州議会議員選挙は5月23〜26日で、スペインの地方選挙は26日の同時開催である。バルセロナ・コモンズが第一党となったバルセロナでも、4年間の成果が問われる。

「ミュニシパライズ・ヨーロッパ！」の討論会で、バルセロナ・コモンズは欧州議会議員選挙に向けたミュニシパリスト・ビジョンの原則を発表した。地域主権の視点をヨーロッパ政治に反映させるもので、観光ビジネスの投機から住民を守る、電力・水道供給の民主化、不安定雇用を促進するオンラインプラットフォーム（自動車配車サービスのウーバーなど）の規制、ビジネスロビーから自治体を守る、難民の保護、多国籍企業の脱税を許さないなど、20の原則を定めている。

バルセロナの第一副市長を務めるピッサレロは、このミュニシパリスト・ビジョンをもって、自身が欧州議会選挙に出馬することを発表した。

「私たちはミュニシパリズムを、中央政府やカタロニア州政府から守らなくてはならない。極右の台頭を防ぎ、基本的なニーズを優先し、グローバル企業の独占に対抗するために、ますますEUというフィールドが重要になってきた。恐れから来る差別主義が増大している今日、市民が住む自治体からオルタナティブを発信し、EU政治に参画することは自治体の使命であり、必要不可欠な共同のプロジェクトである」

ミュニシパリスト・ビジョンはバルセロナを超え、多くの自治体のリーダーシップを欧州議会に送ろうとする共同のプロジェクトとして発案された。地域主権を掲げるミュニシパリストが、EU政治の舞台に上がることには矛盾があるのでは、と考える人も少なくないかもしれないが、バルセロナ・コモンズの国際委員会を代表するケイト・シア・ベエアートの締めくくりがわかりやすかった。

「強権的で、長年のあいだ新自由主義に支配されたEUの民主的な改革をめざすか、改革不可能なEUを解体するべきかで左派は分裂してきました。しかし、この終わらない上から目線の議論を続けるよりも、EUをミュニシパリスト・ビジョンの原則で運営したらどうなるか、という具体的な議論にシフトしていきたい」

欧州議会議員選挙では、ミュニシパリスト・ビジョンを掲げる候補者を多くの国から立てられるか、どこまでミュニシパリストの政策をEU選挙の政策議論のテーブルに上げられるか、そして極右の台頭を防ぎ、中道左派の支持を集められるかが注目される。

3

2019年4月24日

ベルリン住宅革命前夜

——共有財としての住居

過去10年間での住宅市場の激変

新しさと古さが混ざりあうドイツの首都ベルリン。自由で刺激的な雰囲気は、アーティストやクリエイターを磁石のように惹きつけ、コスモポリタンな文化発信都市であり続けている。それでいてベルリンは生活者の街でもある。公園やグリーンスペースが多く、物価、交通費、家賃が他のヨーロッパの首都と比べて比較的安いことも、多くの学生や家族を魅了する。いや、安かったと言うべきかもしれない。とくに家賃に関しては。

住宅の不足と賃貸価格の高騰は、ヨーロッパの首都や主要都市に共通の、緊急かつ重大な課題になっている。私がかつて住んでいたアムステルダムはその筆頭で、20代～30代前半の同僚たちは、高い家賃のアパート（1500ユーロ＝約19万円）を3～4人でシェアしている。一人暮らしは贅沢な選択になってしまった。10年前、私が家族3人で住んでいた、小さな公営アパートの家賃は当時

400ユーロ（4万2500円ほど）であったのだ。いま、そのアパートは民間所有となり、家賃は1200ユーロ（約15万円）という。これだけ見ても、過去10年の住宅市場の激変が見てとれる。

アーティストの天国であり続けたベルリン市も、いよいよその波にのまれてしまった。ベルリンの住宅市場の85％が賃貸住宅であるが、2017年の一年で家賃がなんと平均20・5％も上がったのだ。2013年から2017年で実に2倍になった。もともと家賃が比較的安かったせいか、その変化の速さは著しい。

そのベルリンで、巨大不動産会社が所有しているアパート群をベルリン市が強制的に買い上げて公営住宅にするという住民投票提案が、にわかに注目を集めている。これが今回のメインストーリーである。急速にベルリン市民から支持を集めている、このミニ革命的なアイデアを理解するために、少しだけ歴史をさかのぼろう。

住宅の市場化、民営化、金融化

ベルリンの壁が崩壊してからの25年は、新自由主義がその威力を最大限に発揮した。並行して、ベルリンを含めたヨーロッパ各国の都市で、住宅が市場化、民営化、金融化していった。ベルリンの壁崩壊直後、賃貸住宅の51％は公営社会住宅[*1]であった。しかし一貫した民営化政策の結果、48万戸の公営社会住宅が、半分以下の22万戸（51％から23％へ）に減少したのだ。大規模に売却された公営住宅の受け皿になったのが不動産複合企業である。

その象徴的な存在であるドイチェ・ヴォーネン社は、現在11万戸のアパートをベルリンに所有している。全賃貸住宅の6・8%を同社が所有していることになる。これだけの規模で賃貸住宅を一社が所有することは、他都市ではめずらしいかもしれない。ロンドンでは最大手のグレンジャー社でも、所有するアパートは1500戸にすぎない。

ドイチェ・ヴォーネン社はその巨大な経済力を駆使し、ドイツの比較的厳しい賃貸料金の規制政策の抜け道を探して、賃料を上げる抜群の能力で知られるようになった。規制は同地区内の平均的な値上げ率を基準にしているが、一地区を一企業がほぼ独占すれば、このような規制は機能しない。たとえば同社は、年金生活者が住むブロックを2005年に買い上げて、その途端に月100ユーロ(1万2500円)の値上げをした。年金収入の60%を家賃に充てざるを得なくなった人も少なくなかった。

*1　公営社会住宅…　公共政策下にあり、民間市場とは一線を画した住宅のこと。

ドイチェ・ヴォーネンキャンペーン

2019年4月6日、市民主導による住民投票提案のための署名キャンペーンが開始された。その名は大胆にも「ドイチェ・ヴォーネンキャンペーン」。同社はその象徴的な住宅市場の支配力でキャンペーンの名称に選ばれたが、ほかにもヴォノヴィア社やアケリウス社も含めた大手3社が、ベルリン市内に合計20万戸のアパートを所有している。

住民投票案は、家主が持つ総戸数3000戸以上のアパートを、ベルリン市が強制的に買い上げて公営社会住宅とするという提案だ。つまり、大手不動産会社所有のアパートを公有化するということ。その数24万戸。公有化されたアパートは、新しく作られる社会住宅公社により管理される。まずは住民投票の実施を求めて、2万筆の署名を集める。その後キャンペーンが提案する法律案の是非を問い、ベルリン市の有権者の7%（約17万人）が4か月以内に賛同すれば、議会は住宅の確保を基本的人権に位置づける。

突然ではない、キャンペーンが生まれた理由

その半年前の2018年秋に、旧東ベルリン地区にあるカール＝マルクス＝アレーという大通りの、680戸もの賃貸アパートがドイチェ・ヴォーネン社に売却されることが発覚した。カール＝マルクス＝アレーの住人たちは、同社が必要のない改築などをして大幅に賃料を上げ、自分たち住民は賃料が払えずに追い出されるだろうと予測した。この典型的な家賃値上げの戦略はおそらく世界共通だろう。住民たちは追い出される前に闘うことを選んだ。この売却を見直し、妥当な家賃が維持されるようにベルリン市に介入を求めたのだ。

驚いたことに、2019年2月、市はこの要求に応え、ドイチェ・ヴォーネン社に代わってベルリン市が316戸のアパートを、フリードリヒスハイン＝クロイツベルク区が80戸のアパートを購入することを決定した。これで680戸の賃貸アパートのうち過半数が公的所有となった。その購

入価格の合計は1億ユーロ（約125億円）以上といわれている。

これは象徴的なできごとではあったが、突然でもたまたまでもない。ベルリン市長のミッシェル・ミュラーはそれに先駆けて2019年1月、ドイチェ・ヴォーネン社の5万戸のアパートを買い上げると発表している。ベルリンの現市政は、住宅市場の投機やジェントリフィケーション（都市開発による低所得地域の高級化）で、ベルリンが「住めない街」になっていくことを止めなくてはいけないと真剣に考えているのだ。このような経過もあり、賃借人協会などの組織と市民グループが連合して、3000戸以上のアパートを市が買い上げることを求める「ドイチェ・ヴォーネンキャンペーン」へと発展した。

住宅は権利であり共有財であるという考え

現実に、数年前からベルリン市内のいくつかの区がすでに積極的な対策をとっていることを見ても、同市の住宅問題の深刻さがうかがえる。

ドイツでは、低所得者の住宅からの立ち退きを抑止するために「事前に買う権利」（Vorverkaufs-recht）が市や区に認められている。ある地区で、賃料が他と比べて急激に上がった場合に、市や区が介入する権利が与えられ、建物を買い取って公的所有とすることを認める権利のことだ。カール＝マルクス＝アレーのアパート群の一部買い取りを決めたフリードリヒスハイン＝クロイツベルク区は、住民を守る積極的な住宅政策で名を馳せている。区は2016年だけで15棟の集合アパートを買い上げた。その中心的な存在であるフローリアン・スケミッド議員は「私たちは20年以内に、あと3万戸のアパートを公的な所有にしようと計画している」という。

しかしながら、市や区がすべての高騰物件を買い取るには際限ない費用がかかる。なので、市や区は買い取りをしない代わりに、家主に対してインフレ率以上の値上げをしないことを約束させるよう交渉する場合もある。フリードリヒスハイン＝クロイツベルク区は、これまで25棟以上のアパート家主と家賃値上げ制限の約束を交わした。

ドイチェ・ヴォーネンキャンペーンの内容は、単なる要望ではなく、憲法と同等とされるドイツ連邦共和国基本法が定める基本的権利を根拠としている。基本法14条2項は共有財（common good）を規定し、3項は「公権力による収用は共有財に限られる。収用は補償の範囲を規定する法令か法律を要する」としている。そしてこの3項は、連邦共和国の歴史上で使われたことがなかった。住宅問題の活動家はこれに注目し、住民投票提案をデザインした。

民間所有のアパートの収用は、「住宅が共有財であり、基本的権利の一部である」と認められて初めて可能になる。これが実現すればベルリンにとどまらず、他のドイツの都市でも適用が可能になる。ドイツの首都で住宅が基本的人権となる意味は大きく、ヨーロッパ各国への影響も計り知れない。ドイチェ・ヴォーネンキャンペーンは、ベルリン発でありながらドイツ全土、さらには国境を越える革命的な可能性を秘めている。

R2G連合と恐れぬ自治体

ベルリンでは、2016年の地方選挙で全160議席のうち、社会民主党（SPD）が38議席、左派党（Die Linke）が27議席、緑の党が27議席を獲得し、レッド・レッド・グリーン[*2]のR2G連合が誕生した。バルセロナのようにラディカルではないが、住宅政策についてはミュニシパリスト運動を牽引し、かつての政権よりもずっと社会運動と協調し、その考えを政策に反映させるようになった。とくに住宅問題は、もはや一部の左派の主張ではなく、投機家や株主階級でないすべての普通の人々、ことに若年層の切実な要求である。

SPDは現在の連立のリーダーであるが、皮肉にも90年代、2000年代に公営住宅の民営化を行った張本人である。SPDを擁護するわけではないが、この時期、他のどこの国でも社会民主党などの中道左派は住宅民営化に反対しなかったし、多くの場合は積極的に推進した。

現在SPDは、党としてはドイチェ・ヴォーネンキャンペーンから距離を取っているが、SPDの若手政治家は活動的に動いている。SPDとしても、この先5年の家賃の凍結を提案するなど、住宅問題の危機感は共有している。

住宅問題に立ち向かうのはベルリン市だけではない。「普通の人が住める街」のための住宅政策は、ミュニシパリズムを掲げる自治体やフィアレスシティの要のひとつである。住宅についてベルリン市は、バルセロナ市、アムステルダム市、ウィーン市などと積極的に協力している。過剰な観光化（オーバーツーリズム）、Airbnbなどのオンライン民泊プラットフォームの拡大、家賃の過剰な値上げ、住民視線ではないジェントリフィケーションは各都市共通の問題だ。

しかし、ドイツ、フランス、スペインなど多くの国で、自治体は住宅価格や賃貸価格を包括的に規制することはできないとされている。総合的な住宅政策は中央政府の管轄であるし、その背後にはEUの容赦ない緊縮財政や強烈な市場自由化政策がある。だからこそ自治体が力を合わせて、国家やEUを恐れることなく、学生、労働者、家族、移民が追い出されることなく住むことができる都市を守るために知恵を絞っているのだ。

＊2　レッドは社会党やコミュニスト系左派のシンボルカラー、グリーンは緑の党。ちなみに自由党系のシンボルはブルー。

当たり前に生きる要求を声に

ドイチェ・ヴォーネンキャンペーンの話に戻ると、いま総戸数3000戸以上のアパートをベルリン市内に持っているのは合計12社だ。ベルリン市議会は、24万戸のアパートを買い取るのに必要な補償額は288億から366億ユーロと試算した。一方で、住民投票キャンペーン側は市議会の試算に疑問を呈し、補償額の合計は最高でも181億ユーロと試算した。住民投票が成功すれば、公営社会住宅を総合的に監督する公的機関が新しくつくられることになる。たんに公というのではなく、入居者や地域が参画し、地域住民に責任を果たす新しい住宅公的機関の設立を求めていくに違いない。

住民投票のための署名が集まれば、住民投票実施は2020年中盤になるだろう（4章で後述）。現在のところベルリン市民の44％は巨大不動産会社の賃貸物件公有化に賛成、39％が反対という世論調査が出ている。キャンペーンの提案はラディカルにもかかわらず、家賃の高騰に不満や不安を持つ多くのベルリン市民の心をつかんでいる。ベルリン市民は、かつて水道の再公営化を住民投票の力で実現したし、送電線の再公有化は僅差で実現しなかったが、大きな議論を巻き起こした。

私は、当たり前に生きる要求を声にしていくことが政治＝ポリティックスだと思っている。ベルリン市民の希望のポリティックスに、ヨーロッパ中が注目している。

4

2019年1月30日
中高生たちが起こした反気候変動の地殻変動

雪が残る1月24日木曜日、気温1度のベルギー首都ブリュッセルの中心部を中高生が埋め尽くした。気候変動問題のための学校ストライキは1月10日に2000人で始まり、翌週の木曜日は1万2000人になった（3章扉写真）。そして3回目の24日は3万5000人へと膨れ上がった。労働組合や環境団体もかかわらない、大学生さえ蚊帳《かや》の外の中高生による毎週木曜の自発的行動に、大人もメディアも驚愕している。

こうした「#ClimateStrike」（気候ストライキ）が、スウェーデンの16歳の環境活動家グレタ・トゥンベリさんがたった一人で起こした行動への共感と共鳴によって、ブリュッセルだけでなくスイスやドイツの都市でも広がっている。昨年8月の夏休み明け、グレタさんは学校に行く代わりにストックホルムの国会議事堂前に単身で座り込み、政府が気候変動問題に真摯に取り組むことを求め、2週間にわたってこの行動を続けたのだ。

彼女は11月のポーランド、カトウィツェでの国連気候変動枠組条約会議でも発言し、この1月には世界の政治・経済界のリーダーがスイスのリゾート地ダボスで集まる世界経済フォーラム（ダボス会議）でも伝説的なスピーチを行った。スウェーデンからダボスまで32時間かけて電車で行き、スイスの高校生たちの気候ストライキに加わった。

敬意を込めてグレタと呼ばせてもらう。グレタは大人の偽善的な気候変動問題への態度に「将来に希望があるなんて言ってほしくない、私が毎日感じているようにパニックになってほしい」と訴えた。「気候変動はみんなが作った問題と言って、みんなの責任にするのは都合のいい嘘。大企業や政治家は、気候変動問題のツケが誰にくるのか完全に知りながら、現状を変えずに想像を絶するお金を毎日稼ぎ続けている」

世界の富と権力を握る支配階級（エスタブリッシュメント）の前で、グレタは気候変動問題を権力と正義《ジャスティス》の問題だと、鋭く指摘したのだ。ダボス会議の参加者に対して「この部屋にいる多くの人たちが、この（支配階級の）グループに入っている」と堂々と言った。

ところで、彼女の英語は美しい。私は世界中で北欧の人の英語が一番きれいでわかりやすいと思っているが、彼女の度胸だけでなく、中学生が母国語でない英語でスピーチするスウェーデンの英語教育のすごさにも感心してしまった。

私の息子ヨナタン（高3）もブリュッセルの隣町ルーベンから気候ストライキに参加している。ヨナの学校からは150人が一緒に電車に乗ってブリュッセルへ向かった。24日朝に学校からお決まりの電話がかかってきて「ヨナタンが学校に来ていませんけど」「気候アクションに行きました」「ああ、やっぱりね」というやりとり。学校は公式には反対しているが、事実上は容認している。

ブリュッセルの気候ストライキのリーダーシップはみんな女の子だ。その一人アヌナ・デ・ヴェーバーは、同性の環境大臣が親しみを込めて「若い人たちが環境対策を支持してくれて嬉しい」なんて言ったら、「（何とぼけたこと言ってるの？）私たちはあなたたち政府の腰抜け政策に完全に反対しているし、怒ってるの」と一蹴した。グレタと同じように、彼女たちも、極寒のなか集まったティーンエイジャーたちも、解決を装って本質的に何もしない政府の欺瞞《ぎまん》を見破っている。おりしも12月、ベルギー政府は、右派政権であるチェコとともに、エネルギーの使用削減を図るEUの政令に反対したのだ。「この国の大人たちが責任を果たすまで、私たちは木曜日に学校をストライキする」と、5月の総選挙までがんばる意向だ。

今年5月には、欧州議会選挙とベルギー国政選挙が同時に行われる。世論調査によると、「18〜25歳」が気候変動問題を一番大切な政策として挙げているのに対し、「50歳以上」では優先順位7番目である。現在のベルギー政治は、経済は新自由主義、政治はナショナリズムという最近お決まりのコンビネーションだ。昨年11月に国連で移民に対応する初の枠組み「国連移民協定」が決まったとき、連立与党4党のうち最大議席を持つ右翼政党「新フラームス同盟（N-VA）」の閣僚が「移民政策に関する主権を失うことにつながる」などとして辞任し、連立が崩壊した。

N-VAは、ベルギーからのフランダース地方の分離独立を主張する極右政党とともに、この選挙の関心を難民や移民攻撃に向け、脅威、憎悪を強調することで不安を煽り、議席を伸ばそうと画策している。そのために閣僚が辞任して連立を崩壊させたのだから。このような政策は、50歳以上の〈白人男性〉有権者にはとくに有効だ。

来たる選挙も悪質な右派ポピュリズムに独占されるのかと暗澹《あんたん》としていた矢先、高校生たちがまったく違う風を起こしたのだ。彼らにとって本当の、そして緊急の脅威は気候変動問題なのだ。インターネットで世界中とつながり、英語を楽々と使いこなし、多文化社会の豊かさを地で知っているミレニアム世代は、移民、難民を攻撃する作られた脅威を簡単に見破っている。そして、社会や政治に届かない声を直球で表現しはじめたのだ。気候変動問題を黙殺して、自分たちの将来を奪うのは許せないと。

実は、ベルギーは他の近隣諸国と違って環境主義が発展してこなかった。それがどうしてなのか私にはよくわからない。有機食品は極端に少ないし、ベジタリアン文化も乏しいし、自動車生産国でもないのに自動車大好きで、車に乗っている人たちが必要以上に威張っている。自分たちが原因にもかかわらず、車の渋滞のひどさに文句を言い、どこにパーキングできるかの情報交換は主要な話題として延々と続く。結果、ヨーロッパでもっとも大気汚染がひどい国となってしまった。

ヨナタンが気候ストライキに参加したいと言ったとき、私たちは親として誇りに思った。たとえ最初の動機が「学校を休める」だったとしても、彼は同世代が1万人以上も路上を埋め尽くして声を上げる高揚感を存分に味わったはずだ。これからも、ベルギー政府が真に態度を変えるまで木曜日の気候ストライキに参加するだろう。彼はいままで、非営利セクターで働き、車も免許も持たない環境主義者の両親を冷ややかに見てきた。自分はこんな分の悪い生き方はまっぴらと思っている節がある。夜遊びとファッションに忙しい不良少年にとって、真面目や一生懸命はアンクール（かっこ悪い）と同義語だ。

ブリュッセルで「気候変動問題をちゃんとやれ」という高校生集団が彼の中でクールになったとき、私は彼の中だけでなく社会全体で地殻変動が起きたと思った。これは、世界中で断続的に起こっているアンチ・エスタブリッシュメントの運動と無関係ではない。10代の怒りは支配層だけでなく、気候変動問題の緊急性をないものとする大多数の大人に向かっているため、その力強さは半端ではない。彼らはこの選挙の争点を変えるだろう。娘、息子が気候ストライキに行くことを親が許可しないという話も周辺で聞いているが、来週はもっと多くの親が、これ以上の自立と民主主義の教育はないと気がつくかもしれない。

気候ストライキに呼応するかのように1月27日、日曜日に行われた「気候デモ」にはベルギー過去最多の7万人が参加し、ブリュッセルの街を歩いた。冷たい雨はつらかったけど、小さな子どもたちからお年寄りまで3、4世代をつなぐ平和な行進だった。そして気候ストライキの主役たちもたくさん来ていた。中高生たちは大人に対して怒っているけど、世代を分断しているわけではない。むしろ世代をつなげているということを、このデモが証明してくれた。世代を超えた私たちの怒りは、政治家を含めた支配階級に向いているのだ。

5

極右ナショナリズムと市民政治のはざまで
――スペイン地方革新政治のゆくえ

2019年6月19日

欧州議会選挙で高まった政治の不安定さ

２０１９年5月最後の週末、5年に一度の欧州議会選挙が行われた。私が住むベルギーでは国政選挙との合同だったが、私は欧州議会も国政選挙も選挙権がないので（市レベルの地方選挙権のみあり）主権者としてのパワーが持てないのがつらい。

とはいえ、そんなことを言っていられない状況だった。欧州議会選挙の直前に、オランダとスペインで反移民・反ＥＵを掲げる極右政党（ＦｖＤとＶＯＸ）が躍進し、国政の舞台に登場。欧州議会でも各国の極右政党の躍進が予測されていたからだ。また、スペインでは地方選挙が合同で行われたが、その結果は国政での連立にも影響するため重大だった。

私の視点で、きわめて大雑把に欧州議会選挙の結果を言えば、極右政党は勢力を伸ばしたものの、恐れられていたほどの大躍進はなかった。環境政党である緑の党に追い風が吹いたが、中高生や若者が切に求めている気候危機の回避を一番の課題にできるほどではなく、彼らを落胆させた。結果としては、従来の主流だった親ＥＵ勢力の中道右派・左派が初めて過半数を割り、政治の不安定さが高まったといったところだろうか。

ベルギーの国政選挙の結果については、リベラルメディアの「デ・モルゲン」紙が「暗黒の時代の始まり」と評している。というのも、オランダ語圏のフランダース地方で、反移民を訴える地域ナショナリズム極右政党「フランデレンの利益（ＶＢ）」が3議席から18議席に躍進して第三党になったからだ。

ＶＢは多文化主義を否定、フランス語圏のワロン地方への予算配分に強く反対し、フランダース地方の独立を過激に求めている。ワロン地方では社会党が安定しており、ブリュッセルを中心に全体として緑の党も伸びたのに、経済がうまくいっているフランダース地方が急速に右傾化しているのはどうしたことか。かつて人種差別問題から裁判所の制裁を受け、党名を変更しなければならなかった極右政党が確実に支持を伸ばしているのは、外国人として生活する当事者として恐ろしい。

さて、欧州議会選挙の結果を包括的に評するのは専門家に任せ、私は「希望のポリティックス」の重要な道しるべ的存在であるスペインの地方選挙の結果に注目したいと思う。

ミュニシパリスト自治体誕生から4年

スペインでは、２０１１年に起きた「怒れる者たち（インディグナドス）」運動の中から新しい左派政党「ポデモス」が生まれ、その後、参加型民主主義を体現する新しい政治が各地方に誕生した。2015年の地方選挙では、バルセロナやマドリッドだけでなく、カディス、バレンシア、サラゴサなどの主要都市で「ミュニシパリスト」を掲げる市民的革新政治が誕生したことは、述べてきた通りだ。

ミュニシパリストとは、ひとことで言えば、住民の社会的な権利と自治と参加を重視する、新しい政治のかたちである。バルセロナ・コモンズはその先駆的存在で、地域を重視しながらも国際的な連帯を呼びかけて、「恐れぬ自治体」という国際ネットワークのリーダーシップをとってきた。中央政府やEUの強権を恐れず、多国籍企業を恐れず、難民を助けることを恐れない、自治体的不服従の精神を持ち、似た考えを持つ自治体どうしがつながっていった。このような数年の歴史から、今回のスペインの地方選挙は、国を越えてリベラル層から関心を集めていたのだ。

2015年から4年の実践を経て、地方政治から深い民主主義を実践するミュニシパリズムのプロジェクトの続行を有権者は許すのか、私たちは注視していた。

しかし、選挙後に海外メディアのニュースが報じたのは「バルセロナ、マドリッドで革新政党後退」という内容だった。事実、バルセロナ・コモンズは第一党を逃し、マドリッドでは2015年に第一党であった「アオラ・マドリッド」が分裂した。スペインの大都市でなぜミュニシパリズムの新しい政治が頓挫したのか、表面的な発表だけではわからない。スペインのミュニシパリズム運動に詳しく、私の同僚でもあるソル・トランボが、英国メディアに発表した論考「スペイン地方選挙の結果とミュニシパリズムのゆくえ」を参考にしながら見ていきたいと思う。

スペイン地方選挙の結果

今回のスペイン地方選挙の結果から言うと、バルセロナ・コモンズはバルセロナ市議会で41議席中10議席（前回は11議席）を獲得。カタロニア州の独立を求めるカタロニア独立左派党（ＥＲＣ）と同数だったが、わずか４８３３票が足りなかったため第一党にはなれなかった。国際的に「バルセロナ・コモンズの敗北」と伝えられた所以《ゆえん》である。

過去4年間のバルセロナ・コモンズの市政運営は、カタロニア州独立という古くて新しい政治課題に翻弄された。英国のＥＵ離脱もそうだが、賛成か反対かは置いておいて、このような社会を分断する政治課題は、生活にかかわる政治課題をハイジャックしてしまう。バルセロナ・コモンズのメンバーは独立についての立場がそれぞれ異なるが、コミュニティを再建したり、過剰な観光開発を止めたり、住民の住まいを確保するほうが必要な政治の仕事だという点では一致している。しかし、独立をめぐる住民投票へのスペイン政府による抑圧や、ＥＲＣのトップが投獄されているという状況が、人々の地域ナショナリズムを加熱させた。

地域ナショナリズムにミュニシパリストの政治が対抗するのは難しく、実は選挙前からＥＲＣの圧勝が予測されていた。それにもかかわらず、バルセロナ・コモンズは創造的な選挙運動を展開し、アメリカのバーニー・サンダース上院議員やカナダのジャーナリストであるナオミ・クラインなど

マドリッド市長マヌエラ・カルメーナ
(By Diario de Madrid, CC BY 4.0)

多くの国際的な著名人もこれを支援した。どちらかといえば、予想を上まわる大健闘だったのだ。

一方、スペインの首都であるマドリッドはどうか。2015年の市議会選挙では、市民参加型の政党「アオラ・マドリッド」が58議席中20議席を獲得して第二党になっていた。社会党の支持を得て、アオラ・マドリッドのマヌエラ・カルメーナが市長に就任。彼女はフランコ独裁時代に二度逮捕された労働者擁護の弁護士で、その後に判事となった人物。裁判所内に蔓延していた不正に対して毅然と闘ったのち最高裁判所の名誉判事となった、筋金入りの正義のために闘う女性である。

そのカルメーナ市長は、汚職を廃し、公共調達の不当な契約を見直すことで、市の債務を48億ユーロから27億ユーロにほぼ半減させた。バルセロナほどの独創性はないものの、マドリッドもまた、市長のリーダーシップで革新的な地方政治を行ってきた都市だといえる。

　しかし、今回の選挙前にアオラ・マドリッドは分裂してしまった。私はその理由をソルの記事で初めて知ったのだが、市の債務問題への対応の違いが原因だったようだ。ミュニシパリストの政治の重要なテーマのひとつに「不法な債務の支払いを拒否する」という考えがある。過去の政権の不透明な取引や汚職、中央政府からの押し付けなどを理由とする自治体の債務は、違法として返済しないという主張だ。一方、判事でもあるカルメーナは、どのように債務が作られたかにかかわらず債務は債務であり、自治体という組織がその支払いを不履行することはできないとして、アオラ・マドリッド内の反資本主義陣営や旧左派と対立した。

　結果的にカルメーナは「マス・マドリッド」という別のミュニシパリストの政党を作って今回の選挙を戦い、57議席中19議席と健闘した。保守政党が極右政党VOXと連立しない限り、カルメーナが市長を続投するだろうと予測されている。

　また、スペイン地方選でミュニシパリストがはっきりと勝利した唯一の都市となったのが、南西部のカディス市である。「For Cadiz, Yes We Can」を中心とする市民政党が27議席中、かつての8議席から13議席にまで伸ばした。

　過去4年、ポデモス出身のホセ・マリア・サントスはカディス市長として能力を発揮してきた。他の都市と同様に、カディス市もかつての政権から引き継いだ膨大な債務があったが、市長は4年間で自治体がサービス供給者に負っていた2億65万ユーロの債務を4400万ユーロまで減らした。

カディスのような比較的小さな都市のサービス供給者には地元の中小企業が多く、市からの支払い期日が130日後から30日後に短縮されたことで、地元経済は大きな恩恵をうけた。

“三つの力”の集合

そもそも2015年に、どのようにしてミュニシパリストの市民プラットフォームが各地で誕生し、停滞した左派政治に新しいエネルギーを注いだのだろうか。新しいミュニシパリストのプロジェクトを可能にしたのは「三つの力」だとソルは説明する。ひとつめは、伝統的な左派勢力。二つめは、2000年以降に生まれた新自由主義グローバリゼーションに対抗する草の根のベテラン活動家たちのネットワークの力。このネットワークの力は、2011年の反緊縮財政や反汚職の民主化運動によって、新しい世代を巻き込んで強化された。三つめは、緊縮財政に追従する社会民主党や労働党に嫌気がさして、オルタナティブを求めていた普通の人々による投票行動の力だ。それによって、最初の二つの勢力がミュニシパリスト運動の中核に成長した。

この三つの力が融合したとき、政治的な指導者のコントロールを超えて、既存の政治勢力を覆す化学反応が起きるとソルは分析する。この化学反応が各地で起きれば、それぞれの「点」がつながって「面」となっていく。それが2015年の地方選挙の結果であった。人は、自分が大きな変化の力の一部であるという高揚感にあるとき、もう一歩踏み出してミーティングに行ってみたり、ツイッターでメッセージを発信したりして、主体的なアクターになる。

「力の集合」は極右にも起きている

一方、冒頭にふれたように、極右政治も同様に、この間に新しい政治の高揚感を経験しており、排他主義や差別の感情をあからさまに主張してもいいのだという大衆的なエンパワー（力づけ）が起きて、主要な政治の場に躍り出てきたといえる。中道右派（保守党や自由党）や中道左派（社会民主党や労働党）が票を分けあう比較的安定した状態は、欧州議会でもEU各国でも崩れつつある。

これまでの政治が共通に進めてきた、グローバルな競争と新自由主義のプロジェクトは、少数の勝者と多数の敗者をつくってきた。そのなかで極右ポピュリズムは、「人々」目線でエリート主義を糾弾する。「劣化する福祉や安定した仕事がないのは、すべて外国から入ってくる人々のせいだ」という極端にシンプルな主張で人々を惹きつける。

しかし、ヨーロッパ各国の11の極右政党が欧州議会でどんな投票行動をとっているかを調査し、欧州議会選挙前に公表されたコーポレート・ヨーロッパ・オブザバトリー（CEO）による報告書は、反エリートの仮面をつけて巨大ビジネスの利益誘導に励む極右政党の姿も明らかにしている。皮肉なことに、「人々」目線であるはずの極右政党は、EU共通の25％法人税率に反対し、労働者や女性の権利向上にまったく関心がなく、政党も政治家個人も億万長者や大企業と関係を持って、しかも汚職にまみれているのだ。この報告書が有権者の選挙行動にどれだけ変化を与えたかを計るのは困難だが、極右政党に共通する偽善と欺瞞が明らかになった意義は大きい。

ミュニシパリズムは成長を続ける

こうした複雑な状況のなかでも、市民の社会的な権利や参加、水、電力、住宅といった公共財を守ること、住民の生活の安心と地域経済の復興という具体的な課題に取り組み、成果を出してきたミュニシパリストの政治は確かな土壌をつくってきた。ソルの言葉を借りれば、一度さなぎから蝶となった変化が簡単に逆行することはないし、蝶は遠くまで飛んでいく。オランダのアムステルダム市は「恐れぬ自治体」の国際会議を2020年に計画しているし、セルビアのベオグラードでも、つい先日「恐れぬ自治体」の地域会議が行われたばかりだ。

スペインだけでなく各国の自治体が、労働者や環境を守る積極的な役割を買って出て、国際政治の舞台に登場してきている。アメリカでは、時給15ドルのために闘う運動（Fight for $15）を背景に、24都市が最低賃金を引き上げた。温室効果ガス排出の野心的な削減を40都市（C40、世界大都市気候先導グループ）がリードしている。コペンハーゲン、メルボルン、ニューヨークなどの27都市は、2012年のピークから10％以上の温室効果ガス削減を実現した。その27都市の中にはバルセロナとマドリッドも入っている。

また、住環境を破壊しかねない民泊サービスや、労働者やユーザーの保護を欠いた配車サービスといった新しいビジネスに、責任や規制を求めて立ち上がった自治体も多い。バルセロナはたった4年で公営電力供給会社を誕生させ、スペイン一の規模に成長させた。マドリッドやカディスは劇的に債務を削減した。一般的に、左派は（社会福祉を優先して）経済を悪化させ債務を膨らませると

アダ・コラール（右）とマヌエラ・カルメーナ（左）
（By Diario de Madrid - Manuela Carmena: "Las ciudades sin miedo cambian el mundo", CC BY 4.0）

右派は攻撃するが、スペインで起きていることはその逆である。

この原稿を書いているさなか、バルセロナからニュースが飛び込んできた。バルセロナ・コモンズのリーダーとして、4年間市長を務めたアダ・コラールが市長に再選されたのだ。アダは反貧困、住宅権利運動出身のカリスマ的な女性で、ミュニシパリスト運動の象徴的な存在である。僅差とはいえバルセロナ・コモンズは第一党の位置を失ったので、市長選出は無理だと思われていた。選挙直後から連立をめぐって議論と交渉が行われていたが、バルセロナ・コモンズのメンバー4000人が投票し、うち71・4％が社会党との連立を支持した。バルセロナ・コモンズは第一党のERCとの連立を退け、アダの市長就任を支援する社会党との連立を選んだ。少数与党のうえ、ERCの敵対姿勢もあって厳しい市政運営になるのは覚悟の上だろう。アダのリーダーシップのもと、バルセロナ・コモンズが過去4年で蒔《ま》いた種を次の4年で育て収穫できれば、ミュニシパリズムの成長に大きな意味を持つ。

この4年間のミュニシパリストの地方政治は、数々の具体的な成果を出している。住民目線の実質的な政策と市民権の拡大を中心にするミュニシパリズムは、それぞれの自治体や国を越えてつながり、強化され、新しいエネルギーと希望を与えてきた。同時に、今回の選挙結果は、三つの力の融合を維持することがいかに難しいか、その現実を私たちに伝えた。しかし、各国や欧州議会で極右勢力の存在感が増すなか、本質的な「普通の人目線」の政治を後退させるわけにはいかない。

6

2020年1月15日
「恐れぬ自治体」の国際ネットワーク
――再公営化から経済の民主化へ

アムステルダムで始まった新しい地方政治の試み

2019年は、世界各地で起きている「(再)公営化」について、2年ぶりの調査に明け暮れていた。そして年末の12月4、5日には、オランダのアムステルダム市で、この調査結果を発表する国際会議を開催した。

この国際会議をアムステルダムで開こうと決めたのは、ここで始まりつつある新しい地方政治の動きとも関係している。アムステルダム市では、2018年の地方選挙で「左派緑の党」が初めて第一党となり、連立政権をつくった。それ以降、エネルギーシフトをはじめとする野心的な環境政策と、地方政治の民主化、民族・文化の多様性と社会的参加、住宅問題などのテーマが政治のテーブルに載るようになった。もちろん、左派緑の党の市議の中でも温度差はかなりあるし、ネオリベラルな政党も連立に入っているので、歩みはゆっくりなのだが。

アムステルダムの新しい地方政治の動きの中で重要なリーダーシップをとっているのが、ルトゥハー・フロート・ヴァーシンク議員で、彼は社会政策、多様性と民主化を担当する副市長のような立場だ。彼はまず、市の予算で「アムステルダムの99」という、政策研究とともに地域での実践も行うシンクタンクを設立した。メンバーはNGOや労働組合経験者など、市政の外から集められている。名称の「99」には、アムステルダム市を構成する99地区という意味のほか、1％のエリートに対抗する99％の民衆という意味も込められている。ルトゥハーと「アムステルダムの99」のメンバーは「恐れぬ自治体」ネットワークに参加し、ミュニシパリズムを掲げる他の都市と積極的に交流し、アムステルダムの政治や政策をデザインしている。

このような政治的な環境があったから、（再）公営化の調査を発表する場として「公共の力と未来――経済と所有形態の民主化をめざして」と称する国際会議を、私が所属するTNIと「アムステルダムの99」で共催する話がまとまったのだ。

2017年調査からの変化

2017年、TNIでは公共サービスの（再）公営化の成功事例が2000年以降、世界で少なくとも835件あると発表した。そこから2年を経て、私は再調査の結果を出したいと思っていた。（再）公営化の件数自体も大きく増えていたが、今回は件数そのものよりも、自治体やコミュニティにもたらした影響についてもっと調べたかったのだ。

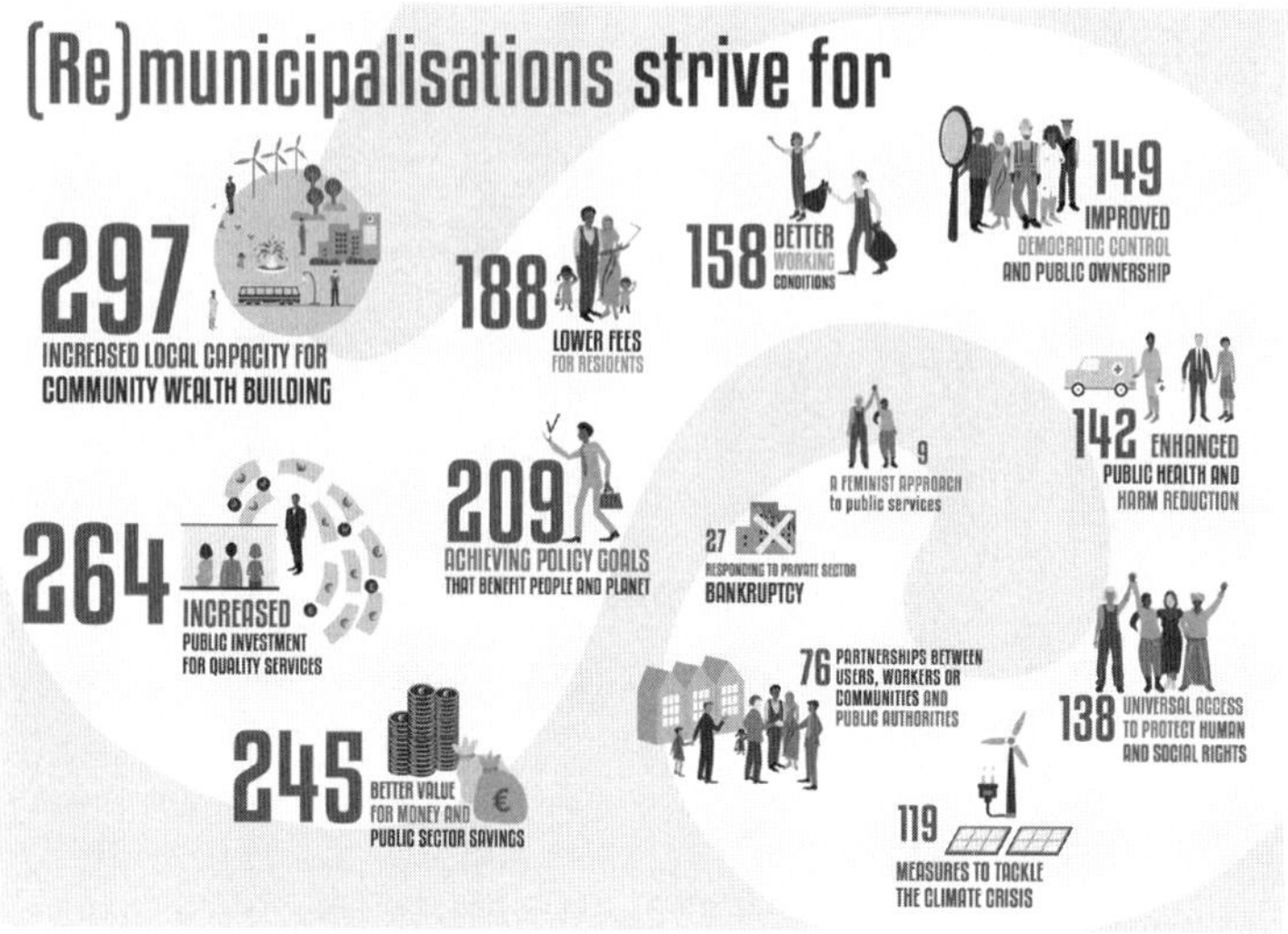

図１　公共サービスの（再）公営化によって得られたこと
（The Future is Public――Towards democratic ownership of public services レポートより）

今回は、前回の調査対象であった七つの不可欠な公共サービス（水道、電力、教育、交通、医療・社会福祉、ごみ回収、自治体サービス）のほか、インターネットを含む通信サービスも新たに対象として加えている。大都市から遠く離れた人口の少ない町で、十分な利益が上がらないために、民間企業がブロードバンドのインフラ投資を渋ったり撤退したりするケースが多くあったからだ。とくにアメリカとドイツで、自治体が率先してインフラ投資とサービス供給をするケースが報告されていた。どこの国でも、民営化した通信サービスはたいてい数社の寡占状態になっている。こうした状況を受けて、人口の多少にかかわらず国が通信インフラを整備し、電気やガス、水道と同じように自治体がすべての世帯に通信環境を供給するほうが安く効率的だという議論も始まっている。

調査は、TNIを含む17の国際団体と22人の研究員の協力によって行われた。それによって確認できた公営化と再公営化の数は、世界各地で1408件となった（内訳は水道311、電力374、教育38、交通47、医療・社会福祉138、ごみ回収85、自治体サービス223、通信192）。

支出削減、労働環境の向上、気候危機対応……公営化のもたらす効果

図1は、（再）公営化の結果として起きた、地域社会にとってプラスになる変化をまとめたものである。詳細を欠いているケースも多々あり、決して網羅的な結果ではないが、たとえば下記のようないくつかの結果が挙がっている。

・再公営化によって自治体と公的セクターが財政支出を削減できた：245件
・労働者の仕事環境や労働条件が向上した：158件
・サービス運営の透明性や民主的なコントロールが向上した：149件
・電力セクターを中心に、再公営化によって気候危機への積極的な対応をとっている：119件

図の左上にある297という数字は、雇用創出や環境改善を含む地域経済、地域社会へのプラスの影響が確認できた件数である。地域の人材や環境といった地域の財産に注目する言葉として「地域の富の確立」（Community wealth building）という言葉を使っている。

もう少し具体的なエピソードを紹介しよう。北欧ノルウェーでは、2017年にごみ回収産業の

最大手企業が倒産した。ノルウェーの自治体の3分の1がこの会社にごみ回収を委託していたために、137の自治体が対応を迫られることになった。この危機をチャンスととらえたのが、ノルウェーの労働者37万人を組織する公務員労働組合「Fagforbundet」だ。各地域で自治体職員や市議会と交渉し、新たな民間事業者を探す代わりに、市が直接ごみ回収サービスを提供する方法（再公営化）の道筋を提案した。

民間のごみ回収サービスを担うのは、どの社会でも立場の弱い労働者である。外国人の従業員も多い。Fagforbundet のメンバーは、こうした従業員たちに、市営サービスの従業員として再雇用された場合にどのような違いが生まれるのかを伝え、多言語で情報を発信した。そして、市議会と交渉して再公営化をロビイングすると同時に、民間企業で働いていた従業員の多くを打ち捨てるのではなく、仕事と権利を守るために市が再雇用するよう求めたのだ。その結果として100以上の自治体が再公営化の道を選び、自分たちの権利を守ろうと労働組合に加盟するメンバーも増えた。

たとえば南部のクラガロー市では、従業員を市の職員として再雇用し、それによって賃金や年金も改善されている。労働コストが上がったにもかかわらず、全体のサービスコストを14％も削減できたのは、高コストの公開入札がなくなったからだ。

ミュニシパリズムを実践する各地域の取り組み

こうした調査結果を発表するためにアムステルダムで開催した国際会議「公共の力と未来」は、

「民主主義と気候の危機――ミュニシパリズムという解決策」というパネルディスカッションから始まった。ミュニシパリズムを実践する9人の市議会議員や代表者が、ウィーン市（オーストリア）、ルーベン市（ベルギー）、グルノーブル市とムアン＝サルトゥー市（フランス）、バルセロナ市（スペイン）、イスリントン区とハックニー区（ロンドン自治区、イギリス）、プレストン市（イギリス）、リコレッタ市（サンティアゴ首都州、チリ）から参加し、各地での経験や挑戦について話した。

ウィーン市のレナータ・ブラナー市議は、同市が世界でもっとも生活水準の高い街のひとつに10年連続で選出されている理由として、住民の6割が公的補助金に支えられた公的賃貸住宅に暮らしていることを挙げた。ウィーン市では、住宅は市場による消費財ではなく公共財だと位置づけられている。生活の質の高さは、積極的な公共支出による社会的インフラの整備による、とレナータは締めくくった。

このパネルディスカッションには、チリのリコレッタ市の市長も参加する予定であったが、残念ながら直前に渡航をキャンセルせざるを得なくなった。日本ではほとんど報道されていないが、チリでは10月に地下鉄の値上げに反対する学生から始まった運動が全国に広がり、会議の時期には未曾有の全国的なデモや対抗運動のさなかだった。

チリは、市場原理主義とまで言われるほど、世界でも新自由主義を深く広く実行した国のひとつで、水道、医療保険、大学、年金基金はのきなみ民営化されている。貧富の格差と生活コストは上昇する一方で、最低賃金は抑えられたままだ。大規模な対抗運動は、40年以上にわたる極度な新自

「公共の力と未来」会議で登壇した各市の代表たち（Photo：Jess Graham / TNI）

由主義によって疲弊した人々の怒りの爆発としてあらわれた。結局、緊急対応に追われる市長に代わって、昨年新たに自治体によって設立されたリコレッタ市大学の学長ロドリゴ・オスバーが会議に参加した。

リコレッタ市は、国による新自由主義政策に正面から立ち向かい、チリでのミュニシパリズムの開拓者となった。チリでは製薬会社の市場独占で薬の価格が高騰しているが、これは世界共通の現象でもある。リコレッタ市は低所得者や貧困世帯を守るために、２０１５年に国内で初めて市立の薬局を開いた。この措置によって、世帯の薬品購入価格を平均70％まで下げることができたという。そして、このモデルに触発された他の自治体も行動を起こし、市立薬局は現在チリ国内の80市に広がっている。リコレッタ市大学も、高額な授業料を払えない学生に高等教育の機会を提供するため、2018年に創立された。学費は完全に無料で、現在150のコースで約3300人の学生が学ぶ。

また、イギリス北部ランカシャー地方の小都市プレストンからは、フレディー・バイレイ市議が登壇した。プレストンは産業が流出した典型的な衰退都市で、イギリスを覆う厳しい緊縮財政の結果、3人に1人の子どもが貧困家庭で育つというレベルにまで貧困率が上昇してしまった。労働党の市議と地域経済戦略センター（CLES）というシンクタンクが共同して、2011年から「地域の富の確立」政策を導入した。具体的な政策の要は自治体による公共入札である。市内の医療や大学施設など、六つの公共機関を基幹組織とし、これらが購入する物やサービスを、できるだけ市内で、無理な場合はランカシャー地方内で調達することにした。この政策によって、以前に比べて7400万ポンドも多くが域内で循環する結果となり、地域経済を活性化させた。このプレストンモデルは、イギリス各地だけでなく世界から注目されることになったのだ。

「民主的な」公的所有の形とは？

経済の民主化を考えるとき、所有の問題を避けて通ることはできない。過剰な私的所有、とくに大資本による独占的所有は、過去十数年にわたる新自由主義政策の帰結だ。それが富の格差の問題、非正規・不安定雇用の増加、気候危機の進行、公共サービスや地域経済の衰退など、さまざまな問題を引き起こしている。この問題意識は会議の主催者も参加者も共有していた。

公共財やサービスなど、人が尊厳ある暮らしをするために必要なものの公的な所有を取り戻していく作業が「（再）公営化」としてあらわれているわけだ。公的所有の非効率性や官僚化を避けるためには、透明性や説明責任の確立が重要になる。では、議論をもう一歩先に進めて、公共財や公共サービスを〈コモン〉として共同で民主的に生産し管理するには、どんな形がありうるのか？公共財の中には、21世紀の石油や金ともいわれるデータも含まれる。この問いの答えを考えるとき、水道再公営化のホットスポットといわれる、スペイン・カタロニア地方のテレッサ市での議論や取り組みが、私の目には最先端のものに映る。

テレッサ市は、市民グループや研究者が集まって結成したプラットフォーム「命の水市民連合」の尽力で水道の再公営化に成功し、２０１８年に新しい水道公社を設立した。時を同じくして、「テレッサ水道オブザーバトリー」という、市議会に関与しながらも法的には独立した組織が誕生した。テレッサ水道オブザーバトリーは市民が熟議し、市議会に対して水道運営のアドバイスをし、必要な場合は調査の実施を要請する公的な機能を持った組織である。

テレッサ水道オブザーバトリーの最高意思決定機関は総会で、市議会を構成する政党、それから市行政、技術者、企業、コミュニティ、労働組合、研究機関や大学などの代表者によって構成される。この点で、為政者によって代表者が恣意的《しいてき》に選ばれる審議会のような仕組みとはまったく異なっている。オブザーバトリーの設立にかかわった研究者のエデューナ・バクゥは、「現在の法体系下で公共サービスを共同で運営管理することの難しさや、過去に経験のないやり方に対する市職員の抵抗も根強い」と、現在進行形の挑戦を率直に語った。

「再公営化から新しい公的所有へ」――テレッサの野心的な参加型統治の模索は、会議の参加者にとってとても大きな刺激となった。

移民が多い地区での国際会議の開催

実は今回、世界中から集まった300人余りの参加者を一番驚かせたのは、おそらく国際会議の会場だったのではないかと思う。アムステルダム中心地を避け、約10キロ南東の郊外にあるベイルマー地区のガーナ人キリスト教会がメイン会場だった。

ここはかつての駐車場施設の半地下で、外から見ると廃墟のようだし、中はとてもオランダにいるとは思えない雰囲気で、お世辞にもスタイリッシュとは言えない。もうひとつの会場は改装中のモスクだった。これは、一緒に会議を主催した「アムステルダムの99」のこだわりだった。

国際会議などのイベントは一般的に、市中心部にある商業的で高額な会場で行われることが多い。そして多くの場合、こういった場所に足を運ぶのは白人の知識層だ。しかし「アムステルダムの99」は、移民コミュニティのあるベイルマー地区を選んだ。ここは、ほんの少し前までは犯罪の集中する「危ない」場所として名高く、住人以外はよほどのことがなければ行かない地区だった。

歴史的に移民の受け皿となったベイルマー地区には、150か国にルーツをもつ約5万人が生活する。数年前から、教会やモスクのリーダーが地域の発展を「自分ごと」にするための市民プラットフォームをつくり、住宅や教育の改善に尽力してきた。そのなかで人種差別や市行政による住民無視の地域開発とも闘ってきた。コミュニティセンターや医療センターもでき、地域の人によるケータリングの協同組合などもできている。

「アムステルダムの99」は、今回の国際会議をベイルマー地区で行うことで、ここの住民による地域の運動と、国際会議の議論を有機的につなぐことを意図していた。教会やモスクの会場使用料が地域に還元されるだけでなく、会議に必要な食事や機材のサービスはすべて地域の協同組合から調達した。市中心部のホテルや大企業のサービスの利用を避け、会議のテーマでもある「地域の富の確立」をアムステルダム市として実践したかったのだ。さらに、国際会議終了後にも、地域の多様性と地域政治の民主化について話しあうローカルな会議が、2日間にわたって同じ会場で行われた。

たびたび衝突しながらも、TNIと「アムステルダムの99」は1年以上にわたって会議の準備をしてきた。TNIは主に研究や議論の枠組みをつくり、国際的なネットワークを駆使して発言者を招聘《しょうへい》したが、「アムステルダムの99」がベイルマー地区の地域団体や協同組合と連動してくれたおかげで、国際的な議論がベイルマー地区での政治や経済の民主化の動きとシンクロすることもできた。

公共サービスの（再）公営化をヒントに「経済の民主化」を構想する議論は、気候危機やデータ管理の民主化など、新しい挑戦も取り込みながら進化している。そして民主的な社会や経済への道は、植民地主義、排他主義、家父長制、人種差別といったものと、地域レベルから闘うことにほか

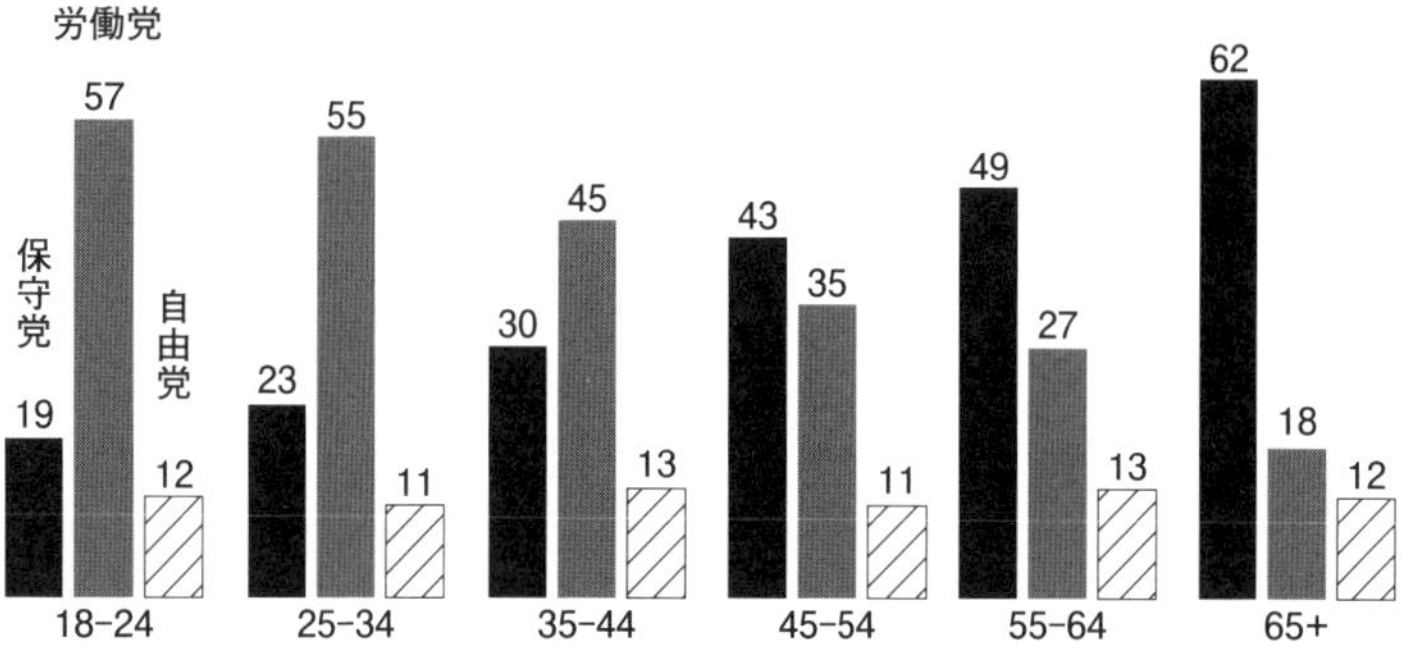

図２　2020年英国議会総選挙の年齢別投票先
（Source: Lord Ashcroft Polls. Exit polls surveyed more than 13,000 people）

ならないのだという、根源的な気づきも与えてくれた。

イギリス労働党の敗北と選挙後ショック

さて、最後にイギリスの選挙結果にもふれないわけにはいかない。というのも、民主的な経済や公的所有についての議論は、イギリス労働党が数年前に公共サービスの再公営化を含む包括的な政策をマニフェストとして掲げたことがきっかけで、英国内外で飛躍的に発展したからだ。国際会議へのイギリスからの参加者は、地元オランダの次に多かった。１週間後の12月12日に総選挙を控え、ほとんどの人が選挙のゆくえに注目していた。選挙運動の大詰めにもかかわらず、会議に来たイギリスからの参加者たちは落ち着かないようすだった。

結果として、労働党は歴史的な敗北を喫した。選挙結果の詳しい分析は他の機会に譲らなくてはならないが、ひとつ言えるのは、総選挙の出口調査のグラフ（**図２**）を見ても、若い世代は労働党をはっきりと支持しているということだ。一方、45～54歳を境に保守党の支持が多くなり逆転している。そして65歳以上では見ての通りだ。

私も、私の周辺も、選挙結果にショックを受けたことは隠せない。右派ポピュリズムの勢いを前にしては、労働党の政策がどんなに99％の名もなき人々の生活を中心にしたものであっても、人々に届かないのだという事実を突きつけられた。選挙から1か月がたったいま、地域から民主主義の練習と実践の運動を重ね、それを大きな変化につなげていくことの必要性をあらためて感じている。

第2章

新型コロナパンデミックと「公共」の役割

コロナ禍のもと、英国では国民保険サービス(NHS)の
医療従事者らが労働条件の改善を求めて全国でデモを行った
(2020年8月、Photo by Peter Summers/Getty Images)

1

2020年3月11日
コロナ騒動のなか、あえて難民危機と国家について考える

福祉国家の黄金時代を生きたニナ

昨年の夏、ニナが亡くなった。

デンマークのケアハウスで暮らしており、心不全で息を引き取っていたのを朝、看護師さんが発見した。ニナはデンマーク人で私のパートナーの母親、つまり義理の母だ。私のよき友人で、ずっと名前で呼んできたので、このままニナと呼ぶ。

ニナが亡くなったとき私は日本に帰国しており、葬儀にも出られなかった。しかし、ニナの死を自然に受けとめた。きっと幸せな人生だっただろうと。私がほかに知らないほど、穏やかで温かく、邪心のない人だった。いつも近所の人たちの悩みの聞き役になり、感情移入して自分がつらくなってしまうような、優しすぎる人だった。そのためか晩年はうつ病に苦しみ、その後乳がんを患った。奇跡的な強さで、乳がんとうつ病をともに克服したが、その後うつ病が再発し、最後は肝臓がんに

も侵された。積極的な治療はせず、がんで亡くなったというより衰弱死だったと私は思っている。

1970年代の、宗教や家族観からの解放を求めたカウンターカルチャーの盛り上がりの中で青春を過ごした彼女は、離婚してシングルマザーとなり、三人の息子のうちの一人（私のパートナー）を育てた。弟二人は母と離れてオランダ人の父と暮らすことになった。保育士の仕事を続けながら慎ましく過ごし、80年代には仲間たちとコミューンでヒッピー的な共同生活を送った。このころのヨーロッパには、はっきりとした「福祉国家」というビジョンがあり、社会民主主義や連帯が社会に共有されていた。古き良き時代はその後、新自由主義の台頭で大きく変わることになる。ニナはヨーロッパの黄金時代を生きた。

事実、彼女は福祉国家の恩恵を生涯受けることができた。ひとり親で、コミューンでの生活後は公営住宅に入居した。最後の数年を過ごしたケアハウスは公的な施設で、彼女の唯一の収入である年金から払うことができた。贅沢はできないものの、公民館で行われる無料の文化イベントや演劇、高齢者向けの活動にもよく参加していた。うつ病やがん治療も、息子たちが費用を負担することはまったくなかった。貧しかったが、最後まで個人として尊厳のある生活を送ることができたのだ。

ニナが亡くなって半年後、私は福祉国家デンマークの底力を見た。彼女のお葬式の費用6800ユーロ（約81万円）は息子三人が負担したが、半年ほど経った後、それが国家から全額還元されたのだ。当人に貯金や資産がない場合、葬儀費用は国が保障するという、個人主義を基礎とする福祉政策に基づくものだった。

トルコ・ギリシャ国境で起きている難民危機

話は変わるが、ヨーロッパでは、北イタリアを発端に新型コロナウイルス流行の拡大が深刻化し、今週からイベントや会議などが中止になっている。その騒動に隠れて、トルコとギリシャ国境で信じがたい非人道的な危機が進行している。

内戦が複雑化するシリアからの難民が後を絶たないなか、これまでトルコは欧州委員会から援助を受けることを条件に、難民を国内にとどめていた。しかし、2月下旬にEUへの圧力をかけるカードとして国境を開き、1万人の難民がトルコの国境を越えてギリシャへ渡る事態となっている。その難民に対してギリシャ政府・警察は催涙ガスを浴びせ、高圧放水砲で攻撃。押し戻された難民たちは、今度はトルコ側の警察に、呼吸困難や胸痛を引き起こす催涙ガスで攻撃されたのだ。この事態は、下着姿にされた難民たちが寒さに震えて国境地帯で寄り添うショッキングな写真とともに報道された。

バルセロナ市のアダ・コラール市長は、この危機に対していち早く行動を起こした一人だ。3月6日の英ガーディアン紙に、「ヨーロッパの自治体はゼノフォビア（外国人嫌悪）や気候危機に立ち向かう」という意見記事を出し、下記のように述べている。

「ヨーロッパは、その設立起源の価値である人権と民主主義の保障を再確認しなくてはならない。今日の憎悪を煽る政治はその最大の脅威であり、ヨーロッパ各地の自治体は連帯、公正、社会的包摂、多様性を実現する政治の実現のためにつながっている」

ミュニシパリズムを牽引する一人、バルセロナ市長アダ・コラール
（Foto: Marc Lozano, CC BY-ND 2.0）

そして、世界の1000以上の自治体が加盟する最大の都市・自治体連合（UCLG）の代表であるモロッコのアル・ホセイマ市長とともに、国連事務総長宛てに公開書簡を出し、トルコ・ギリシャ国境の人道的な危機に対応するよう要請した。加えて、国家だけではなく、難民を実際に受け入れる自治体との対話を開いてほしいし、そのために自治体は最大限の協力を惜しまない、と結んだ。

戦争（シリア内戦・軍事攻撃）、貧困、気候危機は加速するばかりで、数年にわたる難民危機は、子どもを含めた多数の命を奪いながら依然として続いている。それにもかかわらず、地理的に少し距離のある国では「見えない、見ない、見たくない」という雰囲気を反映してか、報道は減っていった。

私が住むベルギーも難民危機の前線の国では

ない。しかし難民が直接到着するギリシャ、イタリアの社会不安は深刻だ。ギリシャで難民申請をしている10万人のうち、およそ3万4000人が一時的に滞在しているエーゲ海の島々では、食べもの、水、インフラ、衛生施設などすべてが不足し、不満が爆発寸前だという。島のキャパシティを完全に超えており、住民による難民キャンプの襲撃など、社会的な緊張が高まっている。

オランダのアムステルダム市は3月5日に声明を出し、この危機の最前線であるエーゲ海にあるレスボス島から500人の子どもを引き取ると申し出た。「レスボス島には親がいない一人きりの難民の子どもも多数おり、彼（女）らは暴力、人身売買、失踪といった高いリスクにさらされている。ヨーロッパ各国のリーダーたちが、この人道的な危機を解決しないばかりか、政治的なカードとして使っていることを非難し、アムステルダム市は連帯の声を上げる」

アムステルダム市はこう述べて、バルセロナ市をはじめ他のフィアレスシティと連帯していく姿勢だ。

「国家の役割」とは何か？

冒頭のニナの話からずいぶん離れてしまったが、私は国家の役割について考えている。ニナが福祉国家の恩恵を受けて、最後まで尊厳をもって過ごせたように、国家というのは一人の尊厳を守ることのできる力をもつ。それと同時に、今回の難民危機に見るように、多くの人の命を奪うことができる力も持っている。

国家は、私たちがめざす変化をもたらす主体なのか、変化を阻む張本人なのか。国家を民主化することは可能なのか、それとも真の民主主義は草の根にしかありえないのか。自治体の潜在力のみに戦略を集中するべきか、国家の変革を優先すべきか——これらは、おそらく100年以上のあいだ、左派の中で議論されてきた終わりのないテーマだ。今日的には、ミュニシパリズム、つまり国家よりも地域に根づいた自治体での民主主義を拡大し深めていくことに集中すべきなのか、ラディカルな地方政治の実現だけで満足していいのか、という問いになる。

2019年末にアムステルダムで行った国際会議「公共の力と未来」のパネルディスカッションでは、70年代からのピノチェト独裁のもとで新自由主義の実験場となり、その結果もたらされた格差と生活苦に対する抵抗運動が起きているチリから、若き研究者であり活動家のアレキサンダー・パネズ・ピントが登壇。「国家とともに（with）、国家に対抗して（against）、国家を超える（beyond）」戦略を見つけなくてはいけない、と語っていた。

一方、ミュニシパリストの政権下で、スペインのバルセロナ市とマドリッド市は市営の葬儀会社を設立している。民間会社の葬儀費用を支払えない多くの家族のために、市が非営利のサービスを提供するものだ。自治体が国家を待たずに、市民の命と尊厳を守るための行動を起こし、それによって国家に圧力をかけていく。そんな戦略も大ありだと私は信じている。

2

2020年4月1日

コロナ危機下で人々の暮らしをどう守るのか

ロックダウンが続くベルギーから

コロナウイルスの感染拡大防止のためロックダウン（都市封鎖）になってから2回目の日曜日の今日（3月29日）。ベルギーではまだ感染者数のピークが見えず、ロックダウンは4月19日まで延長された。すでに2週間、食料品を売る店と薬局を除く商店やレストランなどは営業できずにいる。明確な必要性を証明できない外出は禁止、複数の人が自宅で集まるのも、公園でのピクニックも禁止、ジョギングや散歩はOKだが、家族やカップル、友達など特定の人とだけである。

被害が一番深刻なイタリア、スペインはもちろんのこと、フランスでもさらに一歩きついロックダウンが続いている。ヨーロッパのほとんどの国は公権力を行使したロックダウン下にある。ルールを破れば罰金が課せられるし、警察が検問や巡回をしてチェックしている。外出自粛の要請とロックダウンは完全に違う。

飛行機雲ひとつない青空を見るのも久しぶりだ。車の交通量は50%ダウンで、空気が澄んでいるような気がする。青空が稀な冬のベルギーで、美しい青空が1週間近く続き、人間の経済、社会活動の多くが停止した静けさを自然は楽しんでいるかのように見える。小中高の学校も大学もすでに閉鎖して2週間、これからさらに2週間のイースター休暇に入る。私は普段から在宅勤務で、多くの会議もZOOMでやっているので、生活はそれほど変わらない。

昨日のTNIのスタッフ会議には、それぞれの自宅から30人がZOOMで参加した。幼児、保育園や小学校低学年の子どもがいるスタッフの声は悲痛だった。公園の遊具は使用できないし、国からは高齢の両親にも預けないようにという勧告が出ている。都市部に暮らす多くの世帯は狭いアパート住まいだ。TNIでは、こうした事情を抱えるスタッフは仕事時間を半分に減らしてもOKとなっている。

私たちのような自由裁量の多いNGO職員は明らかに恵まれている。調査やコミュニケーションは自宅でも十分にできるし、イベントはのきなみ中止になっているので、むしろ他のことに集中できる。そして在宅でも、業務が変わらなければ給料は通常通り受け取ることができる。

しかし、多くの労働者はこのような環境にない。まず医療関係者は危険にさらされながら激務を続け疲労している。水、電力、ごみ収集、ケアサービス、交通機関など、続けなくてはいけない仕事もたくさんある。物資を運ぶ運転手やスーパーマーケットの労働者は普段よりも多く仕事をしている。また工場や建設業、配送センターなどは閉鎖になっていないため、国か雇用主が所得補償をしない限りは、働きたくなくても、翌月の家賃を払うために、危険を承知でバスや電車で仕事に行かなければならない。一方、レストラン（一部テイクアウトのみ営業）、カフェ、個人商店などは、営業できないので収入源が断たれている。フリーランスや芸術家は仕事も収入も激減だ。新型コロナ感染症はすべての人々にとっての危機であるが、どのような経済的影響を受けるかは、収入、雇用形態、ライフステージによってまったく違う。格差社会においてこの差はあまりにも顕著で、生活だけでなく生命までも脅かす。

各国が打ち出した国民救済策

日本の労働者や社会的弱者のことがとても心配だ。先週は、世界の各国がさまざまな影響を受けた労働者、雇用主、家族を直接救済する措置を次々に打ち出した。そのなかで日本からは、社会的弱者や労働者を具体的に守る施策や予算措置がやっと少し聞こえはじめたとはいえ、3月31日現在でさえ不明確で不十分だからだ。同じマガジン9で連載する雨宮処凛さんが、全国で派遣切りの嵐が吹き荒れ多くの人が職を失った2008年の状況を、いまになぞらえている。リーマンショックと連鎖的に起きた世界経済危機のときのことだ。このコロナ危機は実体経済を直撃しているだけに、生活者への影響はもっと凄まじいかもしれない。

リーマンショック後の世界経済危機から「回復」するために、EUはじめ各国が採った政策は、税金による民間銀行の救済、さらなる新自由主義の強化、厳しい緊縮財政であった。とくに最後の緊縮財政は、公的支出を削減して借金返済を優先することを意味し、社会福祉、教育、公的医療、自治体への交付金が劇的に削減され、公共サービスが民営化されていった。労働が不安定化し、公的医療や公共サービスが弱体化した社会を、今回さらに新型コロナウイルスが襲ったのだ。

2008年以降、日本だけでなくヨーロッパでも、庶民の生活はさらに脆弱《ぜいじゃく》になっている。おびただしい失業が、とくに若年層を襲ったし、配車サービスのウーバーをはじめとするギグエコノミー(*1)の存在感が、ここ数年で急激に大きくなった。インターネット上のプラットフォームを介して働くギグワーカーは若年層に多く、従来の雇用契約でまったく守られていない。仕事が減れば比例して収入も減ることになる。

社会で一番脆弱な人々を適切に救済しなくてはならない。日本のように「お肉券かお魚券か、両方か」というようなレベルの議論を政府に許しておくわけにはいかない。だから、慌ててこの原稿を書いている。本当に、世界各国から毎日のように国民救済政策が出ているのだ。急ぎ足で見てみよう。

【ベルギー】すでに100万人の労働者が一時的に失業。失業手当申請には時間がかかるので月1450ユーロ(約17万4000円)を前払いする。その後は失業手当適用の上、電力料金を支払い免除。

【クロアチア】政府が小麦、卵、砂糖、食用油、肉、薬、衛生用品の価格を規制。

【デンマーク】政府がフリーランスと学生の収入を支援。家賃免除と政府保証のローンの融通。会社

（雇用主）が労働者を解雇せずに100％の給料を払う場合、政府は月2万3000デンマーククローネ（約3000ユーロ＝約36万円）を上限に75％の雇用費を補償。

【フランス】コロナ危機の影響を受けた給与所得者は給与の8割を国家が社会保障で負担。給与所得者ではない労働者は一律月1500ユーロ（約18万円）の補償。経営困難企業の税金、家賃、水道、電気、ガス料金は支払いを免除。

【イタリア】2月23日までさかのぼり、危機による経済的な理由で労働者が解雇されることを防ぐため60日間労働者の雇用を保護。政府は100億ユーロの予算を労働者保護のために計上。自営業者、観光などにおける季節労働者、演劇関連の労働者、農業従事者なども最長3か月、月600ユーロ（約7万2000円）の給付が受けられる。障がいを持つ労働者や家族の介護をしなくてはならない労働者のケア有給を3日から15日に拡大。12歳以下の子どもがいる人は50％の給料が支払われる育児休暇を15日追加可。

【ポルトガル】学校閉鎖により子どもの面倒を見なくてはならない労働者は収入の66％を政府が補償。

【スペイン】決まった給料の支払いがない労働者について、住宅ローン、電力、水道料金支払いの免除。一時的に仕事を失った人に失業手当を即時支払い。自営業者はパンデミックで収入が減少した場合、税金を免除。高齢者ケアハウス、ホームレス支援の特別基金を設立。

【カナダ】パンデミックのために職を失った労働者に4か月にわたり月2000カナダドル（約15万4000円）を支払う。

【オーストリア】パンデミックによって労働時間が削減されたとき、低所得層は従来の収入の90％、中間所得層は85％、高所得層は80％を政府が補償。

【オランダ】パンデミックで影響を受けた会社（雇用主）が雇用を維持する場合、（被害の程度により）最大90％の雇用費用を3か月にわたり政府が補償。これは非正規の労働者にも適用する。

【ルーマニア】労働者が一時的に解雇され働けない場合、収入の3分の2を政府が補償。

【イギリス】コロナ危機で労働者が働けない場合、雇用者が労働者を解雇するのを避けるため政府は月2500ポンド（約33万5000円）を上限に賃金の80％を雇用主に支払う。

【南アフリカ】政府は失業保険基金を設立。仕事ができない労働者は国が定める低所得スキームで収入の60％、高所得スキーム（上限は1万7712ランド）の38％である6730ランド（約4万円）を基金より受け取る。

書ききれないが、この他にもキプロス、ブルガリア、ノルウェー、フィンランド、ドイツ、ギリシャ、ポーランド、ラトビア、アイルランド、中国、タイ、スイス、香港なども、労働者と実体経済を救済する政策を出している。それらの政策は以下の三つに整理される。

1　給料を補償しながら労働時間を短縮する

2　国家が税金などの支払いを免除して世帯を救済する

3　労働者の解雇を避けるために国家が経済支援か、有給休暇を補償するかで雇用主を支える

＊1　ギグエコノミー…　インターネットを通じて単発の仕事を受注する働き方・働かせ方。

危機下で濫用される権力への警戒

なぜ個人の自由を（最）重要視する自由・民主主義体制のヨーロッパや他の国々で、公権力を行使したロックダウンが比較的スムーズに受け入れられたのだろうか。当然のことながら、危機下で濫用される国家権力や暴力の脅威を重視しない左派はいない。日本で先日成立した「新型インフルエンザ等対策特別措置法改正法」に緊急事態宣言の発令の規定が入り、野党の一部や左派勢力は抵抗した。当然である。国民に嘘をつくことと権力の濫用をくりかえす日本の安倍政権に、新たな権力のカードを与えるわけにはいかない。はっきりと言いたい。国民の生命を守るのは特別法がなくてもできるし、やらなくてはいけない国家の使命だ。

今回のロックダウンにあたって、ベルギーもデンマークも特別法や非常事態宣言は発動していない。むしろ将来の権力の濫用を避けるためにも、ないほうがいいと思う。事実、ハンガリーのオルバーン政権はコロナ危機下で非常事態宣言を出し（3月30日）、国会を無期限で停止させ、独裁的な権力を強化している。恐怖を煽る言論を罰する最長5年の禁固刑も含まれ、民主主義を解体させてきた現政権が、いままで以上に批判的な言論を封じ込めると恐れられている。

必要なのは国民の生命を守ることで、民主的な手続きや法を凍結することではない。随時変わり

ゆく状況と科学的根拠を国民に丁寧に伝え、強制力も含めて、必要な措置の理解を、その都度国民から得ていく姿勢が不可欠だ。そのような姿をニュージーランド、カナダ、ドイツなどの政治的リーダーは見せている。

このような未曾有の危機のなか、国家が国民の信頼を得るためには、徹底した情報公開と説明責任が不可欠である。そして国家が経済活動を規制するわけだから、当然国家が国民の生活を保障しなければならないし、私たちはそれを求める権利がある。日本も数日のうちに状況が変わると思いたいが、少なくともいまは、個人の裁量に任せた「自粛」にとどめることで、国家の責任を放棄している態度が丸見えだ。

こうした不安の一方で、今朝のポルトガルから入ったニュースに一縷《いちる》の「希望のポリティックス」を見た。ポルトガル政府は、国内にいる外国人はその在留資格にかかわらず、少なくとも7月1日までは他の市民と同じように公共サービスを受けることができる、と発表したのだ。合法的な居住資格を持たない移民が、このようなパンデミックの危機でさらされる危険と不安は想像を絶する。声なき人々の声をこのような危機下ですくい取るのは、もっとも難しく、もっとも必要なことかもしれない。

この危機を「学ぶ機会」に

2008年、問題を起こした張本人である銀行だけを「大きすぎて潰せない」と膨大な税金を使って救済し、多くの労働者を失業に追い込んだリーマンショック。銀行の責任も問わず、公的管理も及ばないばかりか、その後の国際金融取引の規制にもつながらなかった。当時、左派知識人や社会運動の反応は鈍く、連帯して明確な要求を示し、政府に圧力をかけられなかった反省は深い。さらに新自由主義が正当化・強化され、文字通り「失われた10年」のあいだに、世界中で貧富の格差は危険なまでに拡大したのだ。そのときといまは、ずいぶん様相が違っているように思える。社会運動も各国も、かつての世界経済危機から学んでいる。

だからこそ、この未曾有の危機を変革のための力にしなければいけない。その使命感は、進歩的な団体や社会運動内で強く共有されている。下記の「ＣＯＶＩＤ－19からの公正な回復を求める原則[＊1]」は影響力のあるＮＧＯから女性、気候、農民、先住民の運動に至る幅広い社会運動によって生み出された。

1　人々の健康が例外なく最優先である
2　直接人々に経済救済を行う
3　企業の重役でなく、労働者とコミュニティを救済する
4　将来の危機に耐久性を備える
5　国境を越えた連帯を広げる。権威主義や独裁主義ではなく

医療従事者を守り、一番影響を受ける脆弱な労働者を救済する短期的な政治要求とともに、ポストコロナ危機を見据えた中長期の政策についても、左派シンクタンクやＮＧＯでの活発な議論が始まっている。

公共医療をとことん疲弊させてきた新自由主義・民営化政策と緊縮財政をやめさせること、すべての人が無料で必須の公共サービスを享受する権利（ユニバーサル・ベーシックサービス）、研究開発に多額の税金を使いながら特許で薬品価格を吊り上げる製薬会社を全面的に規制するか国有化すること、航空会社を税金で救済するなら恒常的に公営化し気候危機に対応すること、新自由主義下でもっとも圧縮され尊重されてこなかった介護分野のケアワーカーや産業を再評価し、社会はその対価を払うこと、そしてケアや介護を脱炭素化社会の中心に据えること――などだ。気候危機はコロナ危機と同様に緊急かつ深刻であり、いまこそグリーン・ニューディール（後述）を発動することも含まれる。

このようなラディカルな左派の提案が、いままで届かなかった人々や政治家にも届くようになった。いま、公的医療・保健や研究への公的支援の重要性に異議を唱える人はいないだろう。気候や労働者を守るための政府の積極的な市場介入の必要性も、一部の人々の議論ではなくなった。

環境的・社会的に持続不可能な現代社会が、コロナ危機から学ぶ教訓はあまりにも大きい。

＊1　"Principles for a #JustRecovery from COVID-19" 350.org https://350.org/just-recovery/

3

2020年4月29日

パンデミック後の社会像
──経済と環境を同時に回復させられるか

ロックダウン解除に向かう欧州

私が働くTNIは、4月の初めから「コロナ危機：国際主義の対応」と題して毎週水曜日にオンラインセミナーを開催してきた。毎回テーマに沿った4〜5人の専門家やアクティビストがスピーカーとなり、質疑応答も含めて1時間半という構成だ。

このセミナーは、TNIの各チームがそれぞれの専門領域を活かして企画している。初回から参加者は900人を超え、その後は毎回1000人を超える反応に、私たちスタッフも驚いている。毎回70か国以上からの参加があり、世界中で多くの人が、この新型コロナウイルスによる危機を変革のための力にしなければいけないととらえて、知恵やビジョンを求めているのを感じる。5月に開催予定のセミナーで、私のチームが担当しているテーマは「グリーン・リカバリー」「公共の再生」「フェミニストの対応とビジョン」だ。

新型コロナのパンデミックによる世界的な経済不況の深刻さは、いまだ計り知れない。人々の安全、生活や雇用をまずは守らなくては、という考えのもと、前項では経済補償にふれてきた。私が住むベルギーでは、感染のピークを越えたとの見方から政府が今後の措置を発表し、少しずつロックダウンを解いていく計画が事細かに示されている。たとえば学校は、一部学年のみ5月18日から再開し、クラス編成は10人……などだ。レストラン、カフェ、ホテルの再開は6月になるようだ。

どう経済を回復するのか

コロナ危機による経済補償や経済刺激策、そして企業救済のための財源をどうするのかという重く避けられない議論が、日本でもEUでも起きている。最大級のコロナ危機に直面しているイタリアとスペインでは過酷な状況が続いているが、巨額の財政出動の圧迫だけでなく、危機が落ち着いた後も、両国への観光客の激減はかなり長期にわたるだろう。両国とも観光業への依存が高い国だ。

EUのユーロ経済圏には「債務を共有しない」というルールがあるために、欧州中央銀行は共同債権を発行できない。それでも、「欧州連合として、いまこそ連帯すべき」という気運が一度は高まり、3月にはユーロ共同債権としての「コロナ債」を発行する案が合意されかけていた。しかし、EUの中でも経済的勝ち組といえるドイツとオランダが、他国の債務を引き受けたくないと猛反発。結局4月9日に、総額5400億ユーロ（約64兆円）のコロナ経済対策を行うという合意に落ち着いた。これは、共同債権によるある程度の痛み分けを求めたイタリアやスペインなどの国々にとっては、かなり後退した内容であった。

EUの議論は「地域統合」と「国家主権」の板挟みのような形になっているので複雑だが、コロナ危機が収束に向かえば、日本でも欧州でも、経済救済のために作った借金をどう返すのかが議論となることには変わらない。

2008年のリーマンショックを思い出さなくてはいけない。民間銀行の救済のために国債を発行し、金融危機を引き起こした当の金融機関を救済したが、それはすべて国民の借金になった。そして、それを返済するための緊縮財政によって、教育、文化、社会福祉、公共サービスの予算が削られ、民営化も進んだのだ。

実のところ、この10年で一番圧縮されたのが医療保健分野だといわれている。病床の削減、清掃など医療以外のサービスのアウトソーシング、新規採用の抑制、公的補助金や投資の削減、医療備品や設備は最低限必要な量のみに制限……といったメニューの結果、日常のオペレーションをぎりぎり回すのが精いっぱいの状態となった。水道や電気もそうだが、災害を含めた危機に対応できる人材と体制こそが命を守る公的セクターの要であり、それを支えるのが社会の共同の責任である。しかし、その考えを新自由主義はとことん破壊してきた。イタリアとスペインが、その影響を激しく受けた国であることも不運というしかない。

こうした失敗をくりかえさせないために、欧州の市民社会は声を上げはじめている。イタリアのミラノ市、オランダのアムステルダム市、フランスのパリ市、スペインの主要8都市の市長が共同で意見記事を出し、コロナ危機後の経済的な対応策として、公共サービスやケアの仕事に従事する人々に投資すべきであること、そして緊縮財政は決して受け入れられないことを主張した。

「公正な税制」と「グリーン・リカバリー」

コロナ危機後の財政についての議論を、より良い未来をめざす発展的なものにするためのキーワードが「公正な税制」と「グローバル・グリーン・ニューディール」もしくは「グリーン・リカバリー」ではないかと私は思っている。これは各国の運動体やEUの中で、現在進行形で議論されているテーマだ。

大まかに説明すると、気候危機の回避と低（脱）炭素社会への移行のための大規模な公共投資と財政出動を行うのが「グリーン・ニューディール」（GND）である。1930年代にフランクリン・ルーズベルト米大統領が世界恐慌を克服するために行った大規模な財政出動である「ニューディール」政策に由来している。このGNDと、コロナ危機からの経済回復のための救済や投資をなるべく整合させて、回復後の経済がよりグリーン（環境面で持続可能なもの）になるように誘導しよう、というのが「グリーン・リカバリー」である。

「グリーン・リカバリー」の前に、そもそものGNDの具体例を挙げたほうがイメージしやすいかもしれない。さまざまな政党やシンクタンクが、かなり幅のあるGND政策を提案していて、同じGNDといっても国や地域によって大きな違いがある。その中でも際立っているのが、アメリカ民主党の元大統領候補のバーニー・サンダース陣営が２０１９年に発表した「サンダースＧＮＤ」と、ジェレミー・コービン元党首のもとでイギリス労働党が２０１９年総選挙の公約として発表した「労働党ＧＮＤ」だ。前者は、学生たちの気候ストライキが全米的な若者の環境運動に発展した「サンライズ運動」が、後者は、やはり若者中心の政治運動「モメンタム」が立案の推進力となったことも興味深い。若者の運動から押し上げられた政策なのだ。

「サンダースＧＮＤ」は、２０５０年までに完全な脱炭素社会に移行することをめざし、環境と生態系を回復させるために公的資金を合計16・3兆ドル出動するというもの。その過程で２０００万人分の新しい雇用を創出する。富裕層や企業への増税、軍事費の縮小、化石燃料産業への補助金の停止、そして雇用の創出によって、15年で元が取れると計算している。サンダースＧＮＤの最大の特徴は、いままで社会投資が十分に行われてこなかった「有色人種が多く貧しいコミュニティ」「化石燃料による汚染にさらされる（フロントライン）コミュニティ」(*1)、そして「若者の雇用」の再生が核になっていることだ。

一方、「労働党ＧＮＤ」では九つの主要政策を挙げているが、やはり地域・労働者目線なのが特徴だ。両方に共通する政策の一部として、下記のようなものがある。

- 集合住宅や公団住宅などの断熱工事を行い、熱効率をよくすることで、低所得世帯の燃料費を下げる
- 右記の住宅改装のための職業訓練を、労働市場から疎外されてきた若者に提供して仕事を生む

・地域主導の小規模なグリーンインフラ整備（コンクリートをはがして雨水を吸収する地表にすること、屋上の緑化、雨水利用など）で地域の雇用創出や活性化につなげる
・地域分散型の地域暖房システムや小規模水力発電の普及
・社会投資によって、公共交通網や高速インターネットを低所得者が利用しやすいようにする
・電気自動車への買い替え支援プログラム

さらに、米サンダースGNDと英労働党のGNDは、

・「公正な移行（ジャスト・トランジション）」＝化石燃料産業で働く多くの労働者を取り残すことなく、補償を行いながら新しい仕事へのトレーニングを提供すること
・国際協力や気候変動による難民の支援を含んだ国際主義

という点でも共通している。

＊1　化石燃料の採掘現場や火力発電所に近隣した地域などは、先住民や貧困層が住んでいることが多く、喘息など呼吸器系疾患や他の健康被害が著しく高いことが知られている。

欧州グリーンディールとコロナ危機

おりしもコロナ危機前の2019年12月、EUは「欧州グリーン・ニューディール」(EGD)という大きな政策枠組みの合意に達していた。これは欧州版のグリーン・ニューディールと言える。EGDの内容は、EU加盟27か国統一で、2050年までにカーボンニュートラル(炭素中立)を実現するという大目標に向けての調査・研究、公共交通の整備、住宅リノベーション、エネルギー産業の転換、雇用創出、国際協力に1000億ユーロ(＊2)(約12兆円)を投入するというものだ。

EGDは、前述したサンダースや英労働党のGNDとはかなり毛色が違うように見える。具体的な政策はまだこれからとはいえ、現EUの新自由主義的レシピがにじんでいるようだ。公的資金の直接的な出動や公的投資よりも、グリーン債権のような商品やインフラ整備に機関投資家の投資を向けさせる従来的な政策がメインで、民間資金の投資や技術開発への過剰な期待がある。それでも、EU加盟27か国が合意した大目標の意義は大きい。

さらにコロナ危機を受けて、EU加盟10か国の環境相から、コロナ危機からの回復のための経済刺激策はEGDと統合すべきであるという「グリーン・リカバリー」案が出された。9日の時点でドイツ、フランスを含む15か国が支持を表明している。気候危機はコロナと同様に、緊急・深刻なグローバル危機である。経済回復とEGDに二度大金を使うより、一度で「めざす社会」に移行しようという理にかなった話だ。

苦労して合意したEGD政策枠組みを基盤にして、コロナ危機からの経済復興を果たそうという議論は、ＥＵのもっともパワフルな意思決定機関である欧州理事会まで届き、4月23日に「復興へのロードマップ：より弾力性に富む、持続可能で公正なヨーロッパへ」という声明が発表された。ＥＵは、産業のデジタル化と現代化も含めて、グリーン・リカバリーで世界のリーダーシップをとると意気込んでいる。

＊2　ＥＧＤのグリーン・トランジションファンドだけで1000億ユーロ。関連予算まで合わせると総額は1兆ユーロ（約120兆円）になる。

いまこそ「公正な税制」を政治課題に

コロナ危機後に必要なのは、実体経済を担う労働者と中小企業を救済し、経済復興のなかで産業や社会を転換し、気候危機を回避することである。では、その財源をどうするのか。

日本でもグローバルでも、「公正な税制」を主要な政治課題にする最大のチャンスかもしれない。短期的な為替取引に低率で課税するトービン税（金融取引税）導入を求める運動の歴史は長いし、租税回避地（タックス・ヘイブン）を使った企業や個人の資産移転と脱税が明らかになってから、もう何年も経っている。租税回避地を使わなくとも、ＧＡＦＡ（グーグル・アマゾン・フェイスブック・アップル）などの大企業は、巨額の利益を世界中で上げながら、さまざまな脱税・節税の工夫を駆使してフェアな税金を払っていない。これは誰もが知る事実だ。ここ数年で、デジタル巨大企業による市場独占はますます進んでいる。

世界163か国2000万人の労働者を組織する国際公務労連（PSI）の事務局長ローザ・パバネーリは、最初に取り組むべきことは「公正な税制」だとはっきりと言っている。PSIメンバーの半数以上である1400万人が医療、保健、ケア分野の従事者であり、コロナ危機によって文字通り一番危険な最前線で働く労働者である。過酷な状況のなかで、各国の労働者やPSI加盟組織の支援のリーダーシップをとる彼女は「COVID－19後の新しいグローバル経済ビジョン」を発表した。その中で、新自由主義下で平均25％まで下がった法人税を、少なくとも90年代と同様に、50％まで回復させるべきと主張している。また、GAFAをはじめとするビッグ・テックには即座に課税し、大企業と富裕層のタックス・ヘイブンを使った租税回避を終わらせることも求めている。

日本の話をすれば、法人税が23・4％と低い上に、大企業にだけ租税特別措置があり、公正な税制からはほど遠い。多くの人が指摘しているように、所得の低い人ほど負担の重い消費税は上がる一方なのに、その税収は企業の法人税減税分を補填するかのように吸い取られ、社会福祉に充てられるわけでもない。企業の内部留保は10年連続記録を更新し、2021年は過去最高の516兆円を超えている。それにもかかわらず、賃金は上がらない。むしろ労働分配率（企業の収入に占める人件費）は下がっている。公正な税制という意味では、やるべきこと、やらなくてはならないことの宝庫だ。危機を改革の力にする鍵は、ここにもある。

経済と生活を守りながら、医療や介護、福祉、教育、保育なども含めたケアの仕事を脱炭素化社会の中心に据える。グリーン・リカバリーの原則を念頭に置いて、ビジョンをもう一歩進めたい。

地域に根づいた農業をはじめとする一次産業や、加工や給食など多岐にわたる食のサービス、自然エネルギーに関連した生産とサービスは、新しい技術を生かし、働きがいのある雇用をつくるだろう。パンデミックによって食料の調達から消費までの長いサプライチェーンの脆弱性が明らかになった。ことに食べものは、環境負荷が高いグローバルなサプライチェーンから、県や地方といった、より身近な地域を中心にしたものに移っていく図が想像しやすい。自治体、学校、病院、大学などの公的機関が、公共調達で積極的に地域からサービスや物を購入し、地域経済の発展に結びつけることも、このビジョンの重要な一部だ。

さらにもう一歩先を考えたときには、労働者、消費者、利用者、居住者の協同組合が、地域の人材、資源、サービス、資金を域内で循環させる推進力になりうるだろう。たとえば、働く人たちが対等な立場で所有する協同組合をつくり、グリーンインフラの仕事を担うようになれば、さらに仕組みは持続的になるだろう。これは、米ニューヨーク州のバッファローやミシシッピ州のジャクソンに力強い取り組みの例がある。さらに、ロンドン自治区のひとつイズリントンでは、地域の人材を育て雇用することを条件に、地域のスタートアップ企業に安価な事務所スペースを提供する取り組みがある。日本にも数々の先進的な事例があると思う。

環境と経済の回復を同時にめざすグリーン・リカバリーでは、その枠組みよりも、むしろ、その中身となる具体的な地域の取り組みのほうが重要だ。投資や技術だけが独り歩きするような政策ではなく、しっかりと地域の取り組みに力を与えるものでなければならない。

第3章

気候危機に自治体として立ち向かう

ブリュッセルで行われた気候正義を求める若者のデモ
(2019年1月, Photo by European Green from Brussels, Belgium, CC BY 2.0)

1

2020年6月24日

自治体からの異議申し立て
――地域主権のグリーン・リカバリーへ

経済復興と脱炭素化社会の両立

ロックダウンの解除が進み、6月15日にはEU内の国境も、無制限ではないがほぼ開いた。私が住むベルギーでも、3か月ぶりに近所のカフェのテラスでビールが飲めるようになった。

前章で、コロナ危機からの回復のための経済刺激策は欧州グリーンディール（EGD）と統合すべきであるという「グリーン・リカバリー」の提案が、加盟国から支持を得ていることを書いた。まだはっきりしない部分も多いが、温室効果ガス排出を実質ゼロ化する「脱炭素化社会」の実現と経済復興をどう両立させるかという議論が、EU機関内でも市民社会でも急速に進んでいる。

まずEGDについて少しおさらいしよう。コロナ危機直前の2019年12月、EU加盟27か国は、2050年までに気候中立（温室効果ガスの排出ゼロ）を実現するという大目標で合意した。その実現のための調査研究、公共交通の整備と車の電動化、住宅の熱効率改善、建物のリノベーション、エネルギー産業の転換、雇用創出、国際協力などに大規模な公的資金を投入することを決めており、その総額は1兆ユーロ（約120兆円）にのぼる。これがEGDと呼ばれるものだ。そして、これらを実施するための新しい規制や法律について話し合っているところに、コロナ危機が重なったのだ。

新自由主義にも利用されるEGD

ちょうどいま、EUの政策執行機関である欧州委員会は2021〜2027年の7年間の予算（MFF）を合意する時期にある。次期MFFでは、EGDの合意に基づいて、コロナ危機からの復興を果たしながら気候変動を回避する経済、社会、技術の確立に大胆に投資することが中心テーマになっている。

実際には、EGDに新しく巨額資金が投入されるというよりも、もともとある主要なEU資金プログラム（たとえば農業基金、地域開発基金、EU加盟国の格差是正のための構造基金、調査・研究基金など）の内容を「グリーン」「クリーン」「次世代型」に変革して、全体として温室効果ガスをゼロにする社会にEU全体で移行しようという考え方が中心なのだが、新しい動きもある。

5月27日、欧州委員会のフォン・デア・ライエン委員長は、「次世代EU」と銘打って、新たに7500億ユーロ（約90兆円）を次期MFFに追加することを提案した。委員長はスピーチで、「EU加盟国は、コロナによる健康と経済の危機に対応するか、未来のために投資するかという二択を迫られることはない」と訴えた。デジタルで環境負荷の少ない次世代型の社会産業構造への変換に適応するために、この「次世代ＥＵ」の予算で若者の教育や雇用を支援するという。「次世代ＥＵ」予算のうち、５０００億ユーロは補助金で、２５００億ユーロは融資だそうだ。

すでにＥＧＤの目玉として、１０００億ユーロの「グリーン・トランジション・ファンド」の設立が合意されているが、これは石炭産業に頼る中央・東ヨーロッパの国々の産業転換を支援する基金である。その一方で、「次世代ＥＵ」はデジタル経済をやたら強調しており、５Ｇ、人工知能、先進技術を活用した精密農業、グリーンエンジニアリング（環境技術）といった言葉が並ぶ。つまり、ＥＧＤを活用して新しいビジネスや市場を開拓したいという勢力もうごめいているということだ。欧州委員会やＥＵの加盟国が新自由主義的であることを忘れてはいけない。この「次世代ＥＵ」を含むＭＦＦは欧州理事会（加盟国政府の長の集まり）にて審議中で、７月はじめに決定される。

ＥＵ資金の采配は、それぞれの国まかせ

さて、もうひとつ問題がある。

27の主権国家の集まりであるＥＵでは、ＥＧＤをはじめ経済復興のためのＥＵ資金は加盟国に分配されるのが基本原則になっている。分配された資金を国内でどう使うかの采配は、それぞれの国が握っているのだ。ＥＵ加盟27か国の経済力の差は大きく、非常に大まかにいうと、ドイツ、フランス、イタリア、オランダ、スウェーデンが主にＥＵ予算に貢献している国々で、ポーランド、ギ

リシャ、ルーマニア、ハンガリー、ポルトガル、チェコがＥＵ資金を受け取っている国々だ。ＥＵ機関が集中するベルギーやルクセンブルクも受け取り国である。

巨額のＥＵ資金がグリーン・リカバリーという枠組みで加盟国に配分されても、もし資金を受け取る国が気候変動懐疑・否定派だったり、強権・独裁的で民主主義や法を否定する政権だったり、政権トップが自分や自分の周辺への利益配分を最優先する恩顧主義だったら、どうなるだろうか。ＥＵの資金は、コロナ危機で一番被害を受けた家族や中小企業、医療従事者、公的医療システムの強化にちゃんと使われるのだろうか。再生可能エネルギー中心の新しい産業への投資や雇用の育成、生物多様性を回復させる野心的な環境保護政策につながるのだろうか——そう考えたときに、懸念を抱かざるを得ない国々がいくつもあるのが、ＥＵの現実だ。

国を通さずに直接資金を自治体へ

そのなかでも、ブダペスト（ハンガリー）、ブラチスラヴァ（スロバキア）、プラハ（チェコ共和国）、ワルシャワ（ポーランド）といった各国の首都である都市の、勇敢な市長たちの声を取り上げたいと思う。今年2月、この4都市の市長は連名で、グリーン・リカバリーのためのＥＵ資金を「国を通さずに直接自治体が受け取りたい」という公開書簡を、欧州委員会、欧州理事会、欧州議会に提出した。現在、これは主要35都市の支持を得るまでになっている。その中には、ウィーン（オーストリア）、タリン（エストニア）、デンハーグ（オランダ）、アテネ（ギリシャ）、リガ（ラトビア）、ザグレブ（クロアチア）、ハノーファー（ドイツ）、バルセロナ（スペイン）、パリ（フランス）、ミラノ（イタリア）など、ミュニシパリストとしておなじみの都市名も見える。

ブダペスト、プラハ、ワルシャワは、住民と自治体の国際的なネットワーク「フィアレスシティ」の行動的なメンバーでもあり、欧州議会内の緑の党グループ（Greens／EFA）の議員たちの支持も得ている。緑の党グループは欧州議会で74議席を持つ4番目に大きい会派で、ＥＧＤの旗振り役でもあるので重要だ。

6月には、4都市の市長たちは、次期ＭＦＦの中心であるグリーン・リカバリーをめざすさまざまな資金・基金プログラムを、自治体が直接申請し受け取れる仕組みにしてほしいと要望。そのために必要な規制や法律の変更を含む、具体的な提案書を発表した。その考え方や中心的な提案を、私なりに要約すると以下のようになる。

多くの自治体は、（国よりも）気候変動対策により積極的である。これは、その国が石炭産業からの収入や税収に頼り、産業の移行が難しい場合にはなおさらである。自治体はこうした権益よりも、住民の命、雇用、環境、健康を優先して守る最前線にいて、コロナ危機でも実際に住民を守るために奮闘している。問題に近ければ近いほど、本質的な解決策を提案できるし、実行しなくてはならない。それは今回の公衆衛生危機でしっかりと証明された。

気候変動危機についても、コロナ危機以前から真摯に具体的に取り組んできたのは、国よりもむしろ自治体である。EUには、自治体をグリーン・リカバリーの直接的なパートナーとして見てほしい。たとえばグリーン・トランジション・ファンドは、主に中央・東ヨーロッパ各国の脱炭素化を中心にしている。しかし、低所得者の住宅の熱効率改善など、「公正な移行」の具体的な政策を実施するのは自治体なのだから、国を介さず自治体が直接資金を申請できるようにしてほしい。EU資金は、持続可能な地域のインフラ、中小企業の支援、デジタル化を含めた公共サービスのアップグレードといった具体的な仕事に、効果的に使われなくてはならないからだ。

四つの国それぞれが抱える問題

4市長のそれぞれの国は、共通する切実で深刻な問題を抱えている。

たとえば、この件で中心的な役割を果たしているのは、44歳のブダペスト市長グレゴリー・カラチョニだ。彼はハンガリー首相オルバーン・ヴィクトルを首班に圧倒的な勢力をもつ与党への対抗軸として結成された新政党「モメンタム」の出身で、2019年の地方選挙で市長となった。オルバーン首相が率いる「フィデス＝ハンガリー市民連盟」の連立与党は、ハンガリー議会の3分の2以上を占め、移民・難民への排他主義だけでなく、司法や教育制度の改悪、メディアの支配など、強権的な政治で権力集中を図ってきた。コロナ危機に際しては、無制限の緊急事態法を発布し、危機に乗じて少数者の弾圧、ジャーナリズムや言論の抑圧を図っていると批判された。この危機下で、野党が主導する複数の自治体から権限と財源を剝奪もしている。

ブダペスト市長グレゴリー・カラチョニ
(By SZERVAC Attila, CC BY-SA 4.0)

ハンガリーがＥＵから受け取っている資金は膨大である。２００７～２０１３年、２０１４～２０２０年の２期合計で４６０億ユーロ。毎年ＧＤＰの２・５～３％に当たる金額をＥＵ資金から得ていることになる。そして、欧州不正対策局（ＯＬＡＦ）が調査に乗り出すほど、オルバーン政権によるＥＵ資金の不正利用は問題視されているのだ。それは、公共事業の多くをオルバーンに近い企業に発注するという古典的なやり方だ。

　また、チェコ共和国の首相アンドレイ・バビシュは、２０１７年に首相になって以来、脱税やＥＵ補助金の不正利用で、自己資産を15億ユーロから34億ユーロに膨らませた。毎月４０００万ユーロを増やしている計算になる。バビシュは農業バイオ化学企業の Agrofert を中心に自分のビジネス帝国を築いて君臨し、「チェコのトランプ」といわれるほどだ。そのビジネスモデルはハンガリーと同様、ＥＵや国の公的資金を自分や自分の周辺の企業に融通する恩顧主義。公共財を不正に利用して職や商売上の便宜を提供するやり方で支持者を取り込み、政治的な支持も固めている。

バビシュ首相も利益相反行為でＥＵの調査下にあるが、先週６月19日、欧州議会はバビシュ首相に厳しい決議を下した。利益相反行為の調査が決着するまで、首相は Agrofert 社から退いてビジネスの利益を放棄するか、自身が関係しているビジネスがＥＵ補助金の受益者としてかかわるすべての案件の議決を辞退するか、首相の座を降りるか、三つの選択肢からひとつを選びなさいと迫ったのだ。欧州議会だけの議決に強制力はないものの、国家権力を濫用したこれ以上の汚職や不正を許さないというメッセージを、ＥＵとして発信したといえる。

そして、ＥＵ資金の最大の受け取り国であるポーランドは、石炭産業の支援を背景に、ＥＵ加盟国でもっとも気候変動対策に消極的で、ＥＵの気候対策を率先して阻止してきた。首都であるワルシャワの市長は、ＥＧＤの資金が具体的な気候行動のために効率的に使われるのではなく、不透明もしくは非効率に浪費されることを懸念している。

「グリーン・リカバリーのために１ユーロも無駄にしてはいけない。ＥＵ資金は、環境と市民生活を守るために、もっとも効率的に使われなくてはいけない」というブダペスト、プラハ、ブラチスラヴァ、ワルシャワの市長たちの言葉が響く。この提案が４か国の首都から出た意味は大きい。

国という単位では動きが遅いことも

汚職や不正までいかなくても、国という大きな単位では、動きが遅く非効率な場合があることはコロナ危機でよく見えた。国には税制、予算、法律、制度を整える大切な役目がある一方で、具体的な行動や対策の主体になるには大きすぎる。

チェコやハンガリーの政治状況は他人事とは思えない。政権与党が議会の3分の2議席を占め、地方政治でも圧倒しているハンガリーでは、政策ではなく利益供与や配分がものを言う政治が行われている。しかし、誰にも動かすことができないように見えたハンガリーの強権政治の基盤にも、小さな亀裂が見えはじめている。２０１９年の地方選挙では、ブダペストだけではなく23の主要都市のうち10都市で、オルバーン支配に対抗する野党勢力の市長が勝利したのだ。選挙前、野党勢力は3都市だけだった。

政治は変えられるし、古い政治は変えなければならないと強く思う。

2

住民の権利と脱炭素社会へ、行動する自治体

２０２０年12月９日

オンライン討論会「ミュニシパライズ・ヨーロッパ！」

２０１８年にブリュッセルの欧州議会内で初めて開催した討論会「ミュニシパライズ・ヨーロッパ！（ヨーロッパをミュニシパリズムで民主化する）」の第２回目が、２０２０年11月５日にオンラインで開催された（＊１）。

おりしもEUは、加盟27か国で新型コロナによる影響からの復興特別予算「復興レジリエンス・ファシリティ（＊２）」（予算６７２５億ユーロ）の内容や配分をめぐって審議中。そんななかで、丸一日にわたった討論会の中心的なテーマは、コロナからの復興とグリーンディール政策における自治体の役割、そして、それをEUがどのように支援できるかだった。

この討論会のユニークな点は、ミュニシパリストの地方政党（バルセロナ・コモンズとカタロニア・コモンズ）、欧州議会政党（緑の党）、私たちのような調査・アドボカシーNGOとのコラボレーション

討論会では四つのセッションが開催された（画像はセッション２の登壇者）

だ。今回はさらに、ミュニシパリズムをリードする都市、バルセロナ、グルノーブル、ブダペスト、ウィーン、ルーベン、アムステルダムからの市政代表者とEU機関の政策担当者が議論に加わった。ミュニシパリズムの牽引役、バルセロナ・コモンズの参加はとりわけ重要である。

当初、欧州グリーンディール（EGD）の責任者であり、欧州委員会第一副委員長のフランス・ティマーマンスは、この討論会にスピーカーとして登壇することを約束していた。それを会議の1週間前にキャンセル。欧州緑の党の粘り強い説得にもかかわらず、代理も出さなかったので、私たちは腹を立てていた。しかし、よくあることである。代わりにオランダ、スペイン、ドイツの左派連合・緑の党選出の議員たちが、欧州議会の議論や政策を伝えてくれた。

何より大事なことは、各地で草の根市民的な立場からミュニシパリズム運動を担う運動体が、フランス、スペイン、セルビア、オランダ、イタリアから発信してくれたことである。ミュニシパリズムは、市民の社会的な権利と主体的な政治参加を求め、公共財の持続的で民主的な管理を取り戻す運動である。それが地域のプラットフォームやコレクティブ（連合体）を形成し、市民政党として地方選挙を戦う。だからこそ、各地の草の根の運動体が重要になる。そこで、最初のセッションでは運動の担い手たちから各国の状況や戦略を共有してもらい、ビギナーにもわかりやすい「ミュニシパリズム入門編」とした。

＊1　プログラム、録画、関連記事（英語）は以下。https://www.tni.org/en/event/municipalize-europe

＊2　2020年11月に合意された復興と景気刺激のための7年間の長期特別予算（合計1・8兆ユーロ）のうち「次世代EU」は7500億ユーロ。復興レジリエンス・ファシリティはその中核となる予算と政策。欧州グリーンディール政策の一部を担うだけでなく、復興とともに環境の保護と脱炭素社会への移行という政策の整合性も求められるため、グリーン・リカバリーの議論が重要になる。

コロナ危機、気候変動の解決に一番近いのは自治体

続く三つのセッションでは、公正な復興とグリーンディール、住宅の権利を中心に議論した。コロナ危機以来、自治体は常に、住民に情報を届け、緊急かつ必要な社会サービスや支援を提供し、

住民の健康と命を救う最前線に立ってきた。多くの場合、国政からの情報や支援は限られているか皆無であった。コロナ感染者の9割は都市部で発生しており、とくに大都市では問題の質も規模も深刻である。すべての自治体は、国よりも問題に近く、住民に近く、解決に近い。これはセッションに参加したすべての市政代表者が共通に訴えたことである。

気候変動対策にも共通した姿が見えてくる。EGDが決まる前から、先進的な自治体は積極的で具体的な温暖化対策を進めてきた。たとえば、ディーゼル車の都市中心地への乗り入れ規制を強化しながら、都市公共交通や自転車道路を拡充する。公共施設や住宅の熱効率を改善するためのリノベーションを行う。再生可能エネルギーの生産や利用を広げる。近郊の持続可能な農業を支援し、給食や公的施設のカフェテリアに調達する。すべて地味ながらも、温室効果ガスの排出を削減し、化石燃料への依存を減らす実質的な政策だ。

一方、国は原発産業や石炭などの化石燃料、大規模集約的な農業、化学、鉄鋼、自動車産業などの既得権益にがんじがらめになっているか、そういった産業を成長戦略として推進している。EUはこういった加盟国どうしの国益の利害調整をするわけで、さらに厄介である。加えて、国益を超えた私益集団である多国籍企業群が、自己の利益を最大化するために強烈なロビー活動をブリュッセルで恒常的に行っている。とりわけ化石燃料産業の圧力は最大級だ。

ドイツ緑の党のアナ・カバジーニは、EUの政策でもっとも根源的にグリーンディール政策と矛盾するのは、農業共通政策（CAP）と、規制撤廃と規模拡大を無制限に求めるすべての貿易投資協定であると指摘する。日本も欧州と自由貿易協定を結んだ。TPP（環太平洋）も、CETA（欧州―カナダ）もTITP（欧州―アメリカ）もEU-Mercosur（欧州―ブラジル、アルゼンチンなど）もすべて同じ矛盾を抱える。そもそもEUは、数十年にわたる貿易自由化政策の強力な推進者だ。つい先月も、EUは農業共通政策改定の機会がありながら、大規模集約的農業に巨大な補助金を出し続ける既存の政策の踏襲を決めている。（＊3）

＊3　岸本聡子「欧州グリーンディールを脅かす共通農業政策CAP」World Voice, Newsweek Japan https://www.newsweekjapan.jp/worldvoice/kishimoto/2020/10/votethiscapdown.php

矛盾を抱えた欧州グリーンディールへの異議

こんな大矛盾を抱えて生まれたEGDだが、2050年までに炭素中立を全加盟国で実現し、社会と産業構造を脱／低炭素に転換するために、巨額の公的資金を含む1兆ユーロを調達・投入するというのは、歴史的な転換政策であることは確かだ。気候活動家で現在はベルギー・ルーベン市の副市長であるダビット・デザーッツは、現行の新自由主義の枠組みにどっぷりはまっているEGDの危険性を指摘した上で、「これを本質的な変化の機会にしなくてはいけない」という。

もともと自治体は限られた税収しか集められないし、ここ10年、EUから押し付けられている緊縮財政のせいで、国庫からの交付金は危険なレベルにまで減少している。自治体は基礎的な住民サービスを提供することすらままならない状況が続いている。そこにコロナによる健康危機と経済危機が襲ったのだ。こうした状況のなかで、巨額の公的資金を投じてコロナ危機からの回復と脱炭素社会への移行を同時に実現しようとするグリーン・リカバリーは理にかなっているので、EUの中心的な課題になっている。そこで、市民目線の実質的なグリーン・リカバリー実現のために、市民的な運動を原動力にするミュニシパリスト自治体からEU政策に物申す、というのが今回の「ミュニシパライズ・ヨーロッパ！」討論会の動機であった。

休憩をはさみながら4セッション、朝9時から夜7時にわたるマラソンのようなオンラインイベントは、私にとっても、一緒に作ってきた仲間にとっても初めての経験だった。シエスタ文化をもつスペイン人の仲間の強い主張で、お昼休みは3時間半。オンラインの良さは、当然のことながら欧州のどこからでも参加できることだ。いや、欧州を超えて日本からでも、時差の問題があるとはいえ参加できる。ここ数年ミュニシパリズムを日本に紹介してきた私は、日本の人々に直接、最新の議論やダイナミクスを知ってもらう良い機会にもなると思った。

コロナ禍でのミュニシパリズムの事例

ここからは、討論会で共有された各自治体の具体的な事例を紹介したい。

バルセロナ市副市長のジャネット・サンズは、気候・環境対策担当として2016年から「バルセロナ・スーパーブロック」プロジェクトという都市デザイン政策の指揮を執ってきた。市中心部の一部ブロック（街区）を囲む通りを一単位として、車と駐車場が通りを独占する都市デザインから、歩行者と自転車がメインになって集える通りへと転換する。文字よりも映像のほうが生き生きと伝えられるので、動画を見てほしい。(＊4)

スーパーブロックは、子どもの遊び場、花壇や植栽、ランチやおしゃべりのためのベンチやテーブルでいっぱいだ。車の進入は禁止されてはいないものの、圧倒的に走りにくいデザインとなっている。このスーパーブロックは現在六つが完成し、これから10年で500まで増やすために、3780万ユーロ（約49億円）を投資することを市政は発表した。

最初はプロジェクトに反対する住民も多かったという。しかし、実際にやってみると大気汚染や騒音から解放され、子どもたちは通りで安全に遊び、近隣の人々との対話も増えた。快適で楽しく、スーパーブロックの拡大が住民たちに支持されるようになったのだ。コロナ禍においても、ソーシャル・ディスタンス確保のために歩道の拡大は有効だし、移動や活動の規制で孤立が大きな問題になるなか、近隣の人たちが近くで出会える場所にもなっている。スーパーブロックは危機対応を超えて、環境と住民を中心にした新しい都市空間生活のあり方を提案している。

ハンガリーの首都ブダペスト市からは、ヨージェフヴァーロシュ地区市民参加担当者のテッサ・ウドヴァルヘイが登壇した。前項でも書いたが、強権的ナショナリズムでおまけに汚職に満ちたオルバーン政権に、ブダペスト市長ははっきりとNOを示すだけでなく、それに対抗する政治勢力も率いている。ハンガリーでは、ブダペスト市をはじめ国政野党が勢力をもつ自治体の交付金が、あからさまに減らされるという、信じがたい政治状況がある。

ヨージェフヴァーロシュ地区はブダペストの中でももっとも貧しい地区のひとつで、読み書きができない住民も多くいる。テッサによると、コロナ禍においても国からの情報は乏しく、根拠なく毎日のように指示が変わるなかで、市は住民の健康や生活を守ろうと過酷な努力を続けている。そこに財政難が追い打ちをかけている。こうした苦境を、ヨージェフヴァーロシュ地区の市民に直接呼びかけることで乗り越えたという。

たとえばコロナに関する相談ホットラインは、トレーニングを受けた市民ボランティア約１００人が対応。お年寄りや感染リスクが高い人たちのための買い物や犬の散歩の代行など、きめ細かなサービスも市の仲介で市民ボランティアが行った。また、読み書きができない人たちのために市民ボランティアが給付金の申請書の提出を手伝うなど、生活困窮者への支援もしている。少し余裕のある市民に参画してもらうシステムを市がつくることで、市の職員だけではとうていできないサービスを、とくに社会的弱者に提供することができたのだ。

とはいえ、強引に中央集権をめざすオルバーン政権には、自治体の努力どころか自治体そのものも見えていない。ブダペストとともに立ち上がったワルシャワ（ポーランド）、プラハ（チェコ）、ブラチスラヴァ（スロバキア）などが「自由都市連合」をつくり、ＥＵの復興レジリエンス・ファシリティの予算を、加盟国経由ではなく、自治体が直接その一部（10％）を申請できるようにと公開書簡で要請している。

「ハンガリーのような気候変動に懐疑的で、まったく行動する気のない国の政府が、欧州グリーンディールや復興のための巨額のEU予算をすべて使うことになったら、その国の自治体にとっては生死を分ける問題になります」と訴えるテッサの声は悲痛だった。

スペイン緑の党選出のアーネスト・ウータスンは、この討論会を私たちと一緒に準備してきたミュニシパリストの欧州議会議員だ。彼は復興予算の欧州議会案の作成で、緑の党のリーダーシップをとっている。ちなみに欧州議会で議決された案は、その後欧州委員会と欧州理事会（加盟国政府の長で構成）を通過する必要がある。アーネストは復興予算の欧州議会案について、「自治体が直接申請できる予算の数値（10%）を記すことについては、残念ながらコンセンサスが得られなかった。しかし、加盟国が復興予算を申請するにあたって提出する復興行動計画の作成に、自治体をステークホルダーとして参画させなくてはいけないという条件を付けることができた」と説明した。

＊4 "Barcelona's Superblocks: Change the Grid, Change your Neighborhood" https://vimeo.com/282972390

過剰な観光と住む権利の対立

「居住と住宅の権利：いまこそすべての人が屋根のある家で過ごせるために」と題するセッションでは、EUが住居政策で十分な対策をとっていないことが検証された。「ステイホーム」がコロナ対策の主要な戦略にもかかわらず、ホームレスの人々の増加や、家賃を払えない人々の住宅からの強制退去はヨーロッパ内で依然として大きな問題である。家主が賃貸住宅をより儲かる短期滞在型の休暇アパートに転換させたり、観光や投機目的で投資家がアパートを買い占めたりして、住宅不足や賃貸価格の高騰を加速させている。こういったビジネスモデルを規制する術がないのだ。

現在、観光は当然のことながら下火だが、そもそも観光業とHORECA（ホテル、レストラン、カフェ）に過剰に依存した経済そのものが問題だと、アムステルダム市副市長のルトゥハー・ヴァーシングは指摘する。アムステルダムはその典型だが、コロナによって、もともとあった格差や貧困の問題が深刻さを増して明らかになった。ポストコロナでも、持続不可能な過剰観光都市に戻してはいけない。そのために市は観光業、空港、HORECA関係の労働者が、持続可能な新しい産業に転職できるための職業訓練や、市による労働市場への積極的な介入を行っていると報告した。ルトゥハーは「破壊的な影響が証明されている緊縮財政は解決策にならない。いまこそ人に社会投資をしなくてはいけない」と訴える。

一方で、宿泊・民泊のプラットフォームを提供する世界最大手 Airbnb などの新興オンラインプラットフォームビジネスは、EUの政策立案過程に影響する強力な新手のロビー集団を形成している。このようなビジネスは、過剰な観光や住宅不足、賃貸価格の上昇に直接加担しているが、自治体や国がこうしたビジネスモデルを規制できないように、EUの政策立案過程にがっちりと食い込んでいる。

EUの政策でグリーンディールに真っ向から矛盾するのは、農業政策と貿易・投資政策だと先に述べたが、もうひとつの重要な分野は、EU単一市場（シングルマーケット）政策だ。これは欧州をひとつの市場とみなし、国内規制を撤廃し、財・サービスの自由な移動をめざすもの。とくに観光や運輸といったサービス貿易の域内自由化は、90年代から大きく進んだ。この政策が地域の持続可能性を脅かし、地域の許容量を超えた過剰観光（オーバーツーリズム）を加速している。そのことを、あまりにも明確に示した事例がある。

スペインのパーティーアイランドとして名高いイビサ島の南に、人口1万2000人のフォルメンテラ島がある。この小さく美しい島は水源が乏しく、過剰観光による住宅不足と処理しきれない観光客からのごみに悩み、観光による水と化石燃料の過剰使用を削減しようとした。そのため、Airbnbをはじめとする短期レンタルビジネスに緩い規制をかけようとしたところ、それがヨーロッパ・ホリデーハウス協会（EHHA）の目にとまり、「ビジネスの自由を侵害するのはけしからん」と欧州委員会に訴えたのだ。そして欧州委員会は、単一市場政策に抵触するおそれのある規制を正当化する理由を提出せよと、小さな島の自治体に迫った。[*5]

閉じた循環系である島で、水やエネルギー、廃棄物処理の持続可能性は死活問題だし、美しい自然のために世界中から観光客が訪れた結果、住民が住めなくなっては元も子もない。これがEUの促進する競争政策であり、自治体による規制の自由や自治を縮小し、萎縮させる原因になっている。欧州グリーンディールとの矛盾は明らかだ。

2018年に開催した第1回「ミュニシパライズ・ヨーロッパ！」の討論会でも、EU単一市場の問題にフォーカスしており、自治体と市民運動が連帯して運動を続けた結果、ついに欧州委員会にEU単一市場のサービス指令を強化するための条項案[*6]をあきらめさせるという成果を得ていた。

フォルメンテラ島のできごとは、その成果の矢先のことだった。島の自治体は、限られた職員しかいないなか、欧州委員会からの手厳しい質問に回答する16ページもの文書を作らなくてはならなくなった。

＊5　観光客への宿泊レンタルは年間60日を最大とし、それ以上は居住の事実を求める措置。観光向けのみを目的としたアパートの転換や所有を規制するもの。

＊6　この条項（EUサービス通知手続き）案は、自治体が景観や環境保護などの理由で規制をする際、事前に欧州委員会に申し出て、単一市場政策などに抵触しないかの判断を仰がなくてはならないというもので、自治と規制の自由を侵害すると懸念と反対の声が上がった。第1章を参照。

「ソーシャル・オーナーシップ」という希望

ＥＵが本気でグリーンディールと言うならば、農業、貿易・投資、単一市場という主要な政策を抜本的に変えなくてはならない。そしてそのヒントは、地域の自治と住民参加、持続的で民主的なコモンズの運営と管理をめざすミュニシパリズムに見ることができる。

最後に、私が住むルーベン市の副市長で、ご近所でもあるダビット・デザーツ（緑の党）が討論会に参加してくれたことへの感謝を込めて、ルーベン市のジャスト・トランジション（公正な脱炭素社会への移行）の事例を共有したい。

ルーベン市は、２０１３年に非営利団体「ルーベン２０３０」を立ち上げている。「２０３０年までに炭素中立を達成する」という市の目標を実行するために、市民と市政が協同するプラットフォームだ。600人の市民が恒常的にかかわっている。今年、ルーベン市は市所有の美術館や市庁舎など五つの建物に投資して、それぞれにソーラーパネルを設置した。それだけならよくあることなのだが、そのソーラーパネルの運営にあたる市民共同組合が、市の支援で立ち上がったのだ。このような提案や実践は、市議会や行政からはなかなか生まれない。市民の関与がイノベーションを生んでいる。

自治体と地元市民が、明確な公的利益を基礎に、公共財を共同で所有し運営する形態を、私は「ソーシャル・オーナーシップ」と呼んで注目している。自分の町でのソーシャル・オーナーシップの誕生とグリーンディールの実践にワクワクしている。

3

闇か、希望か
2021年2月10日
——分岐点に立つ欧州グリーンディール

化石燃料産業が虎視眈々と狙うEGD

欧州グリーンディール（EGD）が発表されて1年と少しが経ったいま、市民の立場から批判的な検証をしなくてはいけない数々のできごとが起こっている。化石燃料産業やアグロビジネスは虎視眈々とEGDを狙い、台無しにするどころか、利用して公的資金を分捕ろうと精力的なロビー活動を展開しているからだ。

しかし、だからといって「EGDは、いままでの環境政策と同様に企業群に利用されるだけ。炭素中立なんて意味なし」と一蹴するには、あまりにも重要すぎる内容だ。何十年も気候変動問題に真剣に取り組まなかった結果、取り返しのつかない気候崩壊を回避するために残された時間はあと10年。崖っぷちの待ったなしの状況になってしまった。

結論から言うと、市民や社会運動、フェミニスト、自治体やコミュニティが積極的にかかわらなければ、ＥＧＤだけでなく、どの国のグリーン・ニューディール政策も、必要なレベルの変革を起こせないだろう。それどころか、化石燃料を基盤とする現在の政治経済システムを永続させてしまい、気候崩壊の回避に間に合わなくなる。さらに同時進行する他の危機、格差や差別も悪化の一途をたどるだろう。大げさでなく、私たちは分岐点に立っている。

やや大仰な書き出しとなったが、どうして分岐点なのか考えていきたい。

２０１９年12月、ＥＧＤが発表されたとき、化石燃料産業（石炭、石油、ガス）大手やそのロビー協会は、こぞって歓迎のコメントを出した。たとえば、ヨーロッパの70のガスインフラ会社を束ねる協会ＧＩＥの「温室効果ガスや汚染の削減と炭素中立を実現するＥＧＤを全面的に支援します」などなどだ。企業群のＥＵ政策への関与を監視するＮＧＯは「化石燃料大手がＥＧＤに愛のメッセージ。由々しき事態」と警告を鳴らした。

英ガーディアン紙は、世界の大手化石燃料企業20社だけで、世界の温室効果ガスの３分の１もの排出に「貢献」しているという驚くべき調査結果を発表した。(*1) 気候崩壊回避のためには、いま地下にある化石燃料をこれ以上できるだけ掘り出さないことが大原則なので、化石燃料産業には基本的に近い将来、市場から退場してもらわなくてはいけない。

しかし現在、経済的にも政治的にも絶大で独占的な力を持つこの産業は、ＥＧＤの枠組みそのものに影響を及ぼして、膨大な利益のために燃料の採掘を続けようとしている。その中心戦略は「二酸化炭素の回収・貯留」といった、まだ証明も実用化もされていない技術や水素燃料の利用だ。後でもう少し詳しく述べるが、こういった作戦は典型的な「テクノフィックス（技術でなんでも解決できる）」で、化石燃料を掘り出すことを永続させるために使われる。

ＥＵ政策決定の地・ブリュッセルでの生々しいようすを、ＥＵ政策監視で名高いＮＧＯのコーポレート・ヨーロッパ・オブザーバトリー（ＣＥＯ）が伝えている。ＥＧＤが発表された後、政策を詰めるべき最初の１００日間に、産業ロビー団体の代表者がＥＧＤのトップである欧州委員会副委員長や高官と１５１回（１週間に11回）も会合を持っていたのだ。その会合の議事録は「ない」とされるけれども、多くが化石燃料産業関連の団体であることはわかっている。

＊1　気候科学者たちは、２０５０年までに平均気温上昇を産業革命以前から2度以下に抑えるためには、現在の埋蔵量の少なくとも3分の1の石油、半分のガス、80％の石炭を地下に留めなくてはいけないと警告している。

グリーン・ニューディールは運動から生まれた

こうした状況にもかかわらず、どうしてＥＧＤを含むグリーン・ニューディールがあきらめられないほど重要なのかも少し書きたい。

グリーン・ニューディールは、10年ほど前にさかんに言われた「グリーン・エコノミー」や「グリーン成長」とは根源的に違う（と思いたい）。グリーン成長は、供給過剰などで停滞した経済に新しく「環境」という価値をつけることで投資を促し、新しい市場を作ろうという思考や行動のことだ。しかし、過去10年間で世界の温室効果ガス排出量は増加し続け、２０１８年には過去最高に達

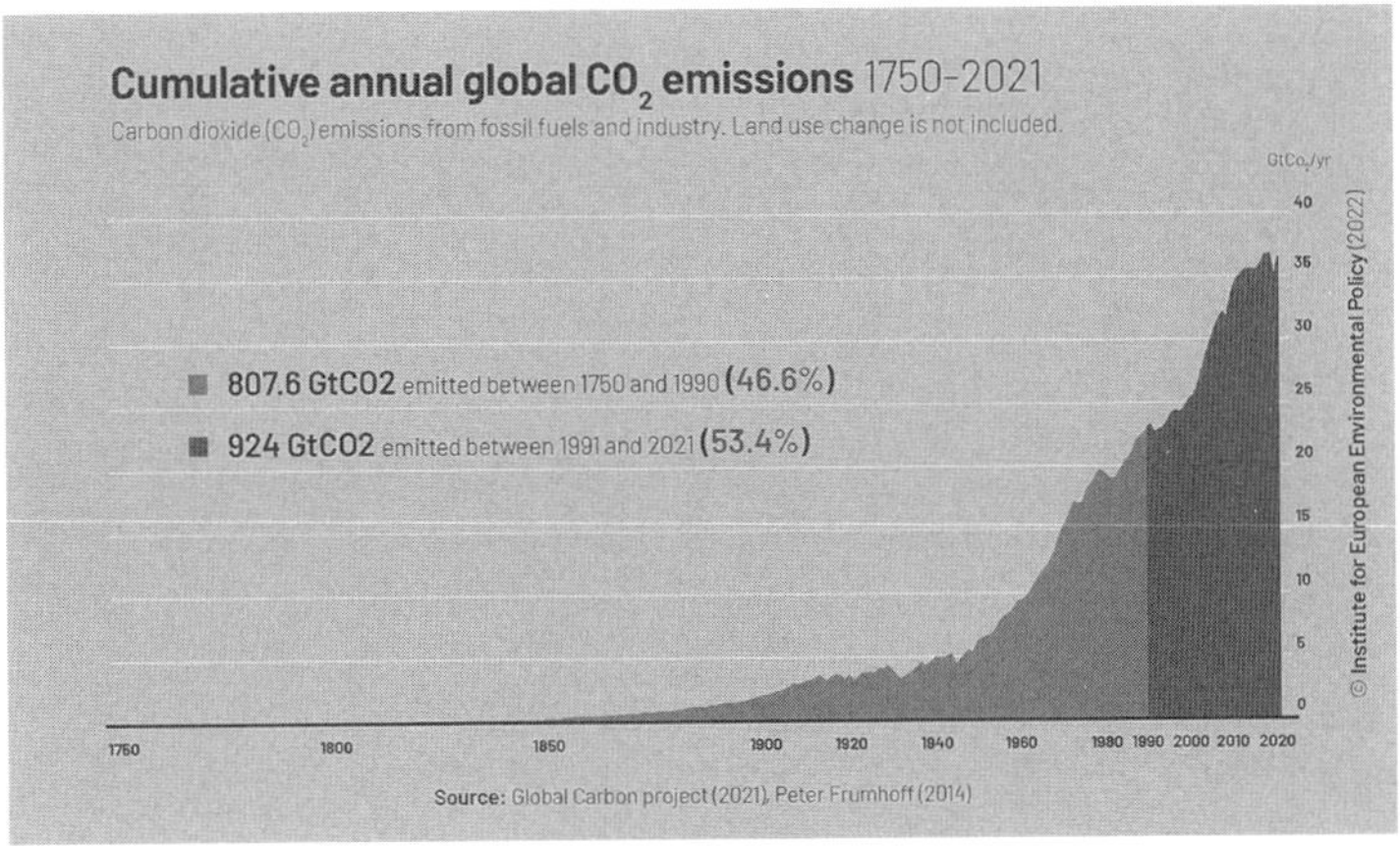

図１　世界の年間 CO_2 排出量推移（1750年〜2021年）
（Institute for European Environmental Policy より）

した（**図1**）。グリーン成長のように市場に頼る解決法の無力さは明らかだ。

グリーン・ニューディールは、その由来が1930年代に米大統領フランクリン・ルーズベルトが世界恐慌を克服するために行った一連の経済政策「ニューディール」にあるように、公共政策による公的資金の大投入である。公的資金、つまり私たち主権者の税金や借金なのだから、そのデザインや使い方は主権者である私たちが決めるべきもの。計画も実行も結果も、高い透明性と説明責任が求められる。

国際的に著名なジャーナリストのナオミ・クラインは、近著『地球が燃えている』（邦訳・大月書店）で1930年代のニューディール政策を振り返る。「10年間で1000万人以上の人が政府に直接雇用され、農村部のほとんどに初めて電気が通った。何十万もの新しいビルや建造物が建設され、23億本の樹木が植えられた。８００か所の新たな州立公園が開発され、何十万もの芸術作品が公共事業として創作された」。市場や企業任せではとうてい実現できない、国家的なプロジェクトである。彼女はグリーン・ニューディールを、気候崩壊から人類を救う可能性があるものとして、ページを多く割いている。

ＥＧＤでは、２０５０年までに炭素中立を全ＥＵ加盟国で実現し、社会と産業構造を脱／低炭素に転換するために、今後10年間のうちに官民で少なくとも1兆ユーロ（約１２０兆円）の投資を行うとしている。そのうち半分はＥＵの予算（公的資金）からである。エネルギー転換や交通、産業政策のみならず、生態系と生物多様性の回復、持続可能な農業と食料生産を含む包括的な内容である。計画には、２０３０年までに温室効果ガス排出を90年比で55％削減することも含まれる。資金規模と包括的な目標から、歴史的な転換政策であるといえる。ＥＵ内でかつて見たことがない「元気が出る」政策だ。

それもそのはず。この政策が打ち出されたのは、市民社会と運動の圧力の結果である。２０１８年、中高生による気候のための学校ストライキから始まった新しい世代（Ｚ世代）の社会運動が、決して無視できない世論をつくり、政策決定者を動かしたのは明らかである。この新しい世代の気候運動は、通りに出てデモをするだけでなく、他の社会運動と連携してＥＧＤの土台をつくった。アメリカのサンライズ運動(＊2)が、「私たちには良い仕事と、生きていける未来を持つ権利がある」とグリーン・ニューディールを要求したとき、最初に支持を表明したのは、選挙に勝利して間もないアレクサンドリア・オカシオ＝コルテス（ＡＯＣ）をはじめとする少数の若き女性国会議員たちだった。イギリスでは、若者の政治運動「モメンタム」の発案が、労働党グリーン・ニューディールへと成長した。ヨーロッパでは、ＥＵ改革をめざす「DiEM25」という運動が議論を喚起し、ＥＵの決定より半年早く「ヨーロッパのグリーン・ニューディール」という提案を発表している。

＊2　サンライズ運動…　気候変動を食い止め、その過程で何百万もの良質な雇用を生み出すことをめざす米国の若者のムーブメント。民主党のバーニー・サンダース元大統領候補の運動とも連携した。

「ＥＵ番犬ラジオ」が伝える危機感

ＥＧＤの危なっかしさに戻ろう。前述したＥＵ政策監視ＮＧＯ「ＣＥＯ」と、欧州投資銀行（ＥＩＢ）を監視するＮＧＯの連合体「カウンター・バランス」は、共同で「ＥＵ番犬ラジオ（EU Watchdog Radio）」というポッドキャスト（＊3）を発信している。このシリーズは秀逸だ。ＥＵ政治の現場も政策も、あまりにも複雑で普通の人にはその内実が見えてこないが、ＣＥＯやカウンター・バランスのリサーチャーが、現在進行形の議論の一番核心的な部分を、調査ジャーナリズムの視点でわかりやすく伝えてくれる。各回は詳細な調査に基づいていて、50ページのレポートを読まずとも、35分のポッドキャストで論点がつかめるのはありがたい。

ちなみに、ＥＩＢとはＥＵ加盟国共同の金融機関で、世界最大の公的銀行である。ＥＧＤでも投資銀行として主要な役割を果たす。ＥＧＤ発表直前の２０１９年11月、ＥＩＢは重要な決定を下した。パリ協定の合意に従って、２０２０年末までに化石燃料関係のプロジェクトへの投融資をやめ、「ヨーロッパ気候銀行」として国際的なリーダーシップをとると発表したのだ。これもまた、Ｚ世代の新しい運動なしにはあり得なかった変化だ。

さて、このポッドキャストシリーズの中から4回を選りすぐって、化石燃料業界、アグロビジネス、金融界にハイジャックされているＥＧＤへの危機感をお伝えしたい。

＊3　EU Watchdog Radio https://open.spotify.com/show/3ct40hyBAECnwyuhAWTp2b

①水素（誇大妄想）vs気候

いきなり水素である。水素エネルギーは、燃焼時にＣＯ$_2$を出さない「クリーンなエネルギー」であると言われる。その水素をＥＧＤの主役に祭り上げようと、燃料産業（とくにガス産業）は膨大なエネルギーを費やし、それが功を奏している。

化石燃料産業は新たに水素ロビー集団を形成し、ＥＵの意思決定に影響を与えようと年間５８６０万ユーロ（約74億円）をロビー活動に投入している。情報公開請求によって明らかになったのは、水素ロビー集団が10か月のあいだに１６３回も、ＥＧＤの最高責任者を含む高官と会合を持っていたことだ。これに対してＮＧＯとの会合は37回。水素ロビーの戦略は、まず水素を「クリーン」なエネルギーであると説得すること。そして、クリーンなゆえにＥＧＤや復興関連予算からの補助金や投資を受ける資格がある、と主張するわけだ。

では、水素は本当にクリーンなエネルギーか？ 燃焼時にCO_2は出さないが、水素は石炭、褐炭、天然ガスなどの化石燃料から製造するのが現在の主流である。リサーチャーのベレンは言う。

「『水素レインボー』という言葉があります。水素がどのように製造されるかによる違いです。化石燃料からの電力を使って製造されたものは、主にグレー水素（天然ガス）、ブラック水素（石炭）、ブラウン水素（褐炭）といわれます。そして、再生可能エネルギーによる電力を使って製造されたものがグリーン水素。その中間がブルー水素です。[*4] 再生可能エネルギーから作られるグリーン水素は、なんと全体の0・1％のみ。ブルー水素でさえ、たった0・7％。実に96％以上は化石燃料由来で、製造時にCO_2を排出する水素だといわれているのです」

天然ガスから1kgの水素を製造する際には10kgのCO_2が排出される。石炭を利用して製造する際には、その2倍近いCO_2が排出される。それにもかかわらず、化石燃料産業が水素を「解決策」に仕立て上げたい理由は明確だ。従来通り化石燃料を採掘し続けるモデルが、EGDの名のもとで良しとされれば、研究開発のための公的資金にもアクセスできる。

さらに心配なことは、ガス産業を中心に約1000社が構成する「クリーン水素連合」なるロビー集団が形成され、すでにEGDの政策議論の運転席に座っていることだ。クリーン水素連合は、水素エネルギー実用化のために必要な投資額を、2030年までに4300億ユーロ（約55兆円）と算出しており、驚くべきことに、現在のところ欧州委員会もその提案に歩調を合わせている。つまり膨大なEGDの公的資金が、研究開発などの名のもとに、化石燃料業界が牛耳る、クリーンからほど遠い水素技術開発に投資される道筋ができあがりつつある。

＊4　化石燃料から製造する水素を「クリーン」とすることには当然ながら反対があり、妥協として「ブルー水素」なる分類ができた。化石燃料由来の電力で製造されるが、発電時に発生するCO_2を炭素貯留テクノロジー（CCS）などによって地中に保存し大気中への放出を防ぐというものだが、この技術は実用化されていない。ブルー水素にとどまらず、炭素中立を達成するためにCCSに過剰に頼るテクノフィックスの傾向はEGDの大きな懸念のひとつ。

②ブラック・ロックンロール

この回は、世界で一番パワフルな投資会社「ブラックロック」にスポットライトを当てる。ブラックロックは7・8兆ドルを運用する世界最大の資産運用会社である。873億ドルの化石燃料会社関連の金融資産を持ち、BP、シェル、エクソンモービルなどの株主であり、化石燃料産業への最大級の投資家だ。

2020年11月、欧州委員会は「金融・銀行の投資活動を環境的に持続可能に」するためのアドバイスを求めて、このブラックロックとコンサルタント契約を結んだ。ブラックロックは大銀行の主要な株主でもある。市民社会だけでなく、EUオンブズマンもびっくりの行動に、「明らかな利益相反であるという批判を考慮していない」と欧州委員会は批判を受けた。

この話がどうしてEGDと深く関係するかというと、EGDの柱は脱炭素化のために巨額の投資をすることだからだ。「では、何に投資するのか」が問題になる。そこで現在、何をもって脱炭素化社会に貢献する持続可能な投資とするのかというガイドラインが話し合われている。たとえば、前述の水素技術開発がもし「脱炭素化社会のための鍵」だとされれば、EGDのもとで「環境によい投資」として正当化されてしまうだろう。

このとても大切な指標づくりにブラックロックをかかわらせることは、脱原発のためのグランドデザインを原子力産業に頼むようなものだ。もしくは、川を渡ろうとするウサギが、待ち構えるワニに「安全に渡る方法を教えて」と聞くようなもの。気候変動の主犯格であるブラックロックに、気候崩壊回避の舞台でロックンロールさせてどうする、という皮肉がこの回のタイトルである。

③農業共通政策（CAP）vs「農場から食卓まで」戦略

この回からは、農業・食料問題にかかわる研究者や活動家たちの激しい怒りと悲愴感が伝わる。2020年10月、EUは農業共通政策（CAP）改定の重要な局面にあった。この先7年に及ぶCAPの予算は約4000億ユーロと巨額で、なんとEU予算全体の3分の1に当たる。

歴史的にCAPの大規模な農業補助金は、ヨーロッパ全体の農業を底上げし、生産を拡大し、国際競争力をつけ、輸出を伸ばしてきた。農業補助金の約80%が、農家全体の20%でしかない大規模農業企業や大土地所有者に払われる仕組みで、集約的な農業を促進してきた背景がある。実のところ、大規模化したヨーロッパの農業産業は、化石燃料産業に続く二番手の気候変動問題の「貢献者」である。過去40年に、ヨーロッパの農地へ飛来する野鳥の57%が、大規模農業が原因でいなくなったと報告されている。

ＥＧＤでも、「農場から食卓まで（Farm2Fork）戦略」と「生物多様性戦略」が中核戦略として策定済みで、公正、健康的、持続可能で総合的な農業と食のシステムをめざしている。その中には、２０３０年までに殺虫剤の使用を50％削減、化学肥料の使用を少なくとも20％削減、農地の25％を有機農地に転換する、といった具体的な政策が書かれている。

しかし欧州議会は、ＣＡＰ改定の機会がありながら、それをせずに集約的農業に巨大な補助金を出し続ける政策を、この先の7年も踏襲することを決めてしまったのだ。そこには、既得権益を守ろうとする大規模農業企業や大土地所有者などからの影響がある。

気候崩壊を避けるための重要な節目となる２０３０年まで、あと10年足らず。持続可能な農業への転換をいますぐしなくてはいけないのに、そのうちの貴重な7年が失われたと、学生たちの気候ストライキを主導した「未来のための金曜日（ＦＦＦ）」の若きリーダーたちの怒りは頂点に達した。当然ながら、現行のＣＡＰはＥＧＤと完全に整合性を欠いていると激しく批判されている。

④ＥＵと化石燃料の熱愛関係

悲しい話が続いて申し訳ない。しかしＥＧＤを取り巻く現実を理解せず、書面上でだけ野心的な政策を称賛するわけにはいかない。ＥＧＤに限ったことではない。ＥＵ機構そのものが、化石燃料、化学アグロビジネス、金融、ビッグ・テックなどに包囲されているのが現実なのだ。というわけで、極めつけは、ＥＵ加盟国それぞれの化石燃料に対する補助金の問題だ。

イギリスを含むＥＵ加盟30か国で、化石燃料に関連するさまざまな形の補助金の合計が、年間約１３７０億ユーロ（約17兆円）にものぼるという調査結果が発表されている。ドイツ一国だけでも約３７０億ユーロ。数字が大きすぎてピンと来ないが、ＥＵ全体の年間予算が約１５５０億ユーロ（約20兆円）であることを考えると、この補助金の規模の大きさに愕然とする。

補助金とひとことで言っても、いろいろな形がある。まずは航空、船舶を含む化石燃料の利用や電力生産の税制優遇措置。他の重工業、運送業、農業などが使用する化石燃料の税減免措置や優遇も含まれる。また、ディーゼルやガソリンの消費の時点で、消費者に「恩恵」をもたらすために価格を下げる補助金も入る。ベルギーのように、民間企業が福利厚生の一部として従業員に与えるカンパニーカー（個人負担なく公私で使える車）やその燃料、保険が税控除の対象になるという施策も入る（このために、コスト感覚なしに一家に2台も3台も車をもつ世帯がベルギーにはたくさんある）。

Ｇ20の20か国を対象にした調査でも、化石燃料への補助金は年間４４４０億ドル（約50兆円）という調査結果であった。この金額は、風力や太陽光などの再生可能エネルギーへの補助金の約４倍であり、ますます私たちはどこに向かっているのか、とよろめく思いである。世界中のＮＧＯや社会運動は、真っ先にこの化石燃料への補助金をやめること、そして膨大なお金を脱炭素化のための公正な移行（ジャスト・トランジション）、途上国への気候対策基金、生態系の回復に使うことを要求している。

このほかにも「ＥＵ番犬ラジオ」にはＥＧＤに関連する回が多くあり（過去16回のうち9回）、衝撃的な事実が調査によって明らかになっている。気候変動と闘うということが、いまの文明社会を支える政治経済、権力構造すべてを問う問題だという事実を直視させられる。同時に、調査ジャーナリズムの重要性も痛感する。産業界やその周辺の宣伝を信じて、「水素や電気自動車がすべてを解決してくれる」と信じることは楽で、都合がよく、心地がいい。しかし、科学や事実に基づいた情報がなければ、正しい解決を考えることもできないし、解決のために力を合わせることもできない。

残された時間は、あと10年

冒頭の結論に戻る。ＥＧＤを政治家や官僚機構に任せていれば、１００％の確率で、強烈で強力な既得権益や産業界にハイジャックされる。だからＥＧＤは政策である前に、社会運動であるととらえなくてはいけない。市民運動、フェミニスト、自治体やコミュニティが積極的にかかわらなければ、ＥＵだけでなくどこの国のグリーン・ニューディールも、化石燃料を基盤とする現在の政治経済システムを永続させ続けて終わってしまう。そうなれば、Ｚ世代やその子どもたちは、文字通り生存の危機に直面するだろう。第一線の気候科学者たちは、「２０３０年までに社会システムの抜本的な変化を起こさなくては、２１００年の世界は、いまの状態から見る影もない（unrecognizable）状況になる」と警告しているのだ。

最後に、次項に希望をもってつなげたい。

各地で「フェミニスト・グリーン・ニューディール」が芽生えている。インドの開発経済学者ジャヤティ・ゴーシュは、こう提唱する。

「世界規模で、グリーンだけでなくレッド、ブルー、パープルのニューディールが必要です。グリーンは環境と生態系の崩壊を止め、生産と消費を変更し、温室効果ガスの排出を劇的に減らすこと。レッドは極端なまでになった富の格差を是正すること。ブルーは汚染されてしまった海や淡水を回復すること。パープルは、労働者階級の女性を中心とするエッセンシャル・ケアワークを経済価値システムの中心にすることです」

これが、私たちが立っている分岐点である。

4

2021年8月18日 「命の経済」の回復
——資本主義を問うフェミニストの視点から

前項の最後に「フェミニスト・グリーン・ニューディール」が各地で芽生えていると書き、インドの開発経済学者ジャヤティ・ゴーシュの言葉を引いた。

医療、病院、教育、食料（流通）、保育、介護、福祉、自治体サービス、清掃など、社会に必要な仕事のおよそ3分の2を女性が担っている。しかし、その価値は過小評価され、賃金は抑えられているか、もしくは無償である。『99%のためのフェミニズム宣言』（人文書院）の筆者の一人ティティ・バタチャーリャは、このような分野を「ライフメイキングシステム（命を育む仕組み）」と呼ぶ。その対極は、軍事、武器、化石燃料、車、原発などの「デス（死）メイキングシステム」だ。

資本主義は労働力を得るために、やむを得ずライフメイキングシステムに依存しながら、常にこれを攻撃してくる。賃金を減らし、民営化を推し進める。彼女は、命を育む仕組みを社会、政治、経済の中心にしなくてはいけないという。

2008年の世界経済危機以降、ヨーロッパでは緊縮財政が正当化され、10年以上にもわたって社会保障費の削減、医療サービスのアウトソーシングや民営化が進行した。結果、多くの国で経済の回復は遅れ、賃金は低下し、格差は深まった。そういうなか、新型コロナウイルスが世界を襲った。パンデミックは緊縮財政や民営化がもたらす破壊的影響を明らかにしただけでなく、健康かつ危機に強い社会の基盤は、ケアを含めた多岐にわたるエッセンシャルワークとその従事者によって支えられていることをはっきりと示した。この世界的な経験にもかかわらず、日本では、オリンピック・パラリンピック下で医療従事者への圧迫が続いている。

フェミニストがとらえる危機と回復

2020年初頭にパンデミックが始まると、アジア太平洋地域のフェミニストのネットワークであるAPWLDは「COVID−19は新自由主義的な資本主義の失敗を明らかにした：私たちにはフェミニスト的なグローバルな連帯が必要だ」[*1]と題した論考をいち早く5月に発表した。

医療・ケア分野の従事者の70％は女性で、コロナ禍で高い危険にさらされて仕事をしている。経済、社会、政治の複合的な危機が明らかになり、社会の中で周辺化された人々が一番に、かつ最大の痛みを受けることもまた明らかになりつつあった。ロックダウン中の家庭で、家父長制とジェンダーにより規定された無償の（育児、介護、家事などの）ケアワークが固定化され、その中で家庭内暴力が世界中で増えたのだ。

この論考の発表から1年半が経過した。この間、国際的フェミニストのネットワークは、他の社会運動と急速につながり、政治経済の鋭い分析や提案を、目覚ましいスピード感で世に送り出してきた。それらは現在の植民地主義と家父長制の延長にある、限りない人間の搾取と自然の収奪によって利益と成長を求める資本主義を根源的に問う。

その先にあるビジョンは、ひとことで言えば「人間と環境のケアを最優先する公正な経済を実現する改革」である。具体的なテーマは労働、（公正な）税制、債務、気候変動（気候正義）、食料・種子（主権）、デジタル政策、貿易・投資政策、刑事司法、そして警察権力にまで及び、包括的だ。

イギリスのウォーリック大学の「フェミニスト・リカバリープラン（回復計画）」プロジェクトがまとめた政策提案の資料集も圧巻だ。[*2] フェミニストがリーダーシップをとる草の根運動の進化・深化を見ながら、脱資本主義をめざす「パープルのニューディール」の道筋に想像力を膨らませていきたい。

＊1　Chiang Mai,“COVID-19 Highlights the Failure of Neoliberal Capitalism: We Need Feminist Global Solidarity” APWLD https://apwld.org/covid-19-highlights-the-failure-of-neoliberal-capitalism-we-need-feminist-global-solidarity/

＊2　“Feminist Recovery Plan Project” School of Law, University of Warwick https://warwick.ac.uk/fac/soc/law/research/projects/feminist-recovery-plan/Resources

高齢者介護ビジネスから巨額の利益をあげる企業

変革のためには現実を把握しなくてはならない。ヨーロッパの状況は、公正なケア・エコノミーとは対極のシナリオにある。

ヨーロッパ10か国をカバーする調査ジャーナリズムのコンソーシアム「Investigate Europe」は、一国を超えたヨーロッパ全体の課題を各国のジャーナリストが協力して調査し、各国語で発信する貴重な独立メディアだ。その最新の調査報告は「グレー・ゴールド――ヨーロッパの巨大な高齢者ケアビジネスの実態」である。このレポートは、ヨーロッパのコロナ禍の初期に亡くなった人の約半数が高齢者ケアホームの居住者だったことを受け、いままで見過ごされてきた高齢者ケア施設の実態に迫った。フェミニストがリーダーシップをとる社会運動が、ケアやエッセンシャルワークの実態を訴えたことで、調査ジャーナリズムの課題に押し上げたともいえる。レポートの内容を短くまとめると、こうだ。

ケアワーカーの不足と低賃金の長時間労働が各国共通の課題としてあるなかで、高齢者ケア施設への民間参入が急激に拡大し、この傾向に拍車をかけている。スペイン80%、イギリス76%、オーストリア49%、ドイツ43%、ポルトガル29%、フランス24%、ベルギー21%と、各国の高齢者ケア施設はすでに利益拡大を最優先する国際的な民間ビジネスの手中にある。なかでも最大手の2社はフランス資本のOrpeaとKorianで、約1700の施設（15万人分のベッド数）をヨーロッパ各国で運営する。

高齢化社会の進行で、ケア施設の市場は拡大するばかりだ。EU加盟国にイギリス、ノルウェー、スイスを合わせて年間2200億ユーロ（約28・6兆円）の公的資金が投入され、さらに600億ユーロ（約7・8兆円）が居住者の財布から捻出されている。トップ25の民間ケア会社で、あわせて約45万5000人分のベッドを有し、その増加率は4年間で22％である。

Investigate Europe の調査は、このような巨大なケアビジネスの経営ガバナンスを解明していく。すでに30に及ぶプライベート・エクイティ・ファンド（PEファンド）[＊3]がケアビジネスに参入、2834のケア施設（約20万のベッド数）を所有していることを明らかにした。PEファンドは企業・事業体を買収し、別の企業・ファンドに売却することを主たる事業とする攻撃的な投資行動で知られる。

ケア施設の民間経営そのものは新しいことではない。各国政府は新しい公的ケア施設を作るお金も、直営で維持する資金も「不足」するとして民間参入を正当化し、促進してきた。とはいえ、実際のところ民間ケア施設には巨額の公的資金が使われ、さらに居住者からも料金を得て運営されている。しかも民間ケア施設はスタッフを減らし、ベッド数を増やすことで「効率性」を上げてきた。OECDはコロナ前の2019年に「高齢者ケア施設はスタッフが不十分で、適切な資格を有していない労働者を安く雇い、ケアの質と安全性を犠牲にしている」と報告している。日本にも共通する姿だろう。言うまでもなく労働者に非はない。コスト削減を宿命とする経営ガバナンスの問題である。

＊3　PEファンド…　複数の機関投資家や個人投資家から集めた資金をもとに、事業会社や金融機関の未公開株を取得し、同時にその企業の経営に深く関与して「企業価値を高めた後に売却」することで高い内部収益率を獲得することを目的とした投資ファンド。

ケアワーカーの現実

名もない労働者階級の普通の家族の姿から、イギリス社会の格差の問題に切り込んだ、ケン・ローチ監督の映画『家族を想うとき』を思い出す。高齢者の訪問介護をするケアワーカーのアビは、丁寧なケアをしたくても時間が許さない。彼女は「すべての人を自分の母親だと思ってお世話する」という職業倫理を大切にしているが、1日10時間を超える労働に疲労していく。週6日の長時間労働、ガチガチのシフトとノルマで一杯いっぱいの両親は、繊細な年頃の息子に寄り添う時間もない。

私のデンマーク人の親友アネッタも、アビと同様に高齢者を訪問してお世話するケアワーカーだ。福祉国家とされる北欧でも、競争や選択の自由の名のもとに、介護分野に民間企業が参入している。アネッタも、そのような民間が運営する訪問ケア会社の職員だった。

ある日、初めて訪れた訪問先の高齢者が、言葉でコミュニケーションができないことをアネッタは会社から知らされていなかった、ということがあった。家の中や介護内容を把握するのに通常の数倍の時間がかかってしまう。しかし、ケアワーカーは会社から時間で厳しく管理されているため、十分なケアが終わらないまま、次の訪問先に移動しなくてはならなかった。それはアネッタにも、サービスを受ける高齢者にもつらいことだ。

人や人の命と直接向き合うケアワークの精神的・心理的負担は大きい。アビやアネッタも、高齢者の尊厳ある生活をケアする仕事にやる気と誇りを持っているが、社会はそれに見合う賃金も敬意も払わない。企業経営の中では、労働者はコストであり、ケアの質よりも、できるだけ多くのクライアントをさばくことが要求される。アネッタが勤めていた会社はその後、ずさんな経営が発覚し倒産。アネッタは、いまでは自治体の提供するケアサービスに従事している。

エッセンシャルワークの金融化

いくら「効率化」したとしても、ケアは労働集約的な産業だ。いくらかの利益を上げられても、巨額の利益は上げられないはずだ。ところが、イギリスのケアビジネスHC-One社が2年間で4850万ポンド（約74億円）の株主報酬を分配していることが2019年に明らかになり、公的資金が過剰な配当金に消えているのでは、と社会的な懸念が持ち上がった。

ケアビジネス産業でヨーロッパ市場ナンバー3のDomusVi社（フランス）の場合、施設を直接運営する同社と、その会社の最終的な所有者のあいだに11に及ぶ中間企業があり、それらは租税回避地として名高いルクセンブルクやジャージー島に籍を置いていることがわかった。つまり、民間ケア産業の一部は「民営化」を超えて「金融化」しているということだ。

年金基金などの機関投資家の資金がＰＥファンドに投資され、ＰＥファンドがケアビジネスを所有し、オフショア取引[＊4]を駆使。最終的な利益は租税回避地に導かれる「金融エンジニアリング」が進行しているのだ。債務調達を含む金融化によってリスクが高まる半面、リターンも高まる。このような構造によって、ケア施設から巨額の利益を生むことが可能になった。この金融化傾向は、ケアビジネス市場を牽引するフランスより、イギリスで強い。

　高齢者ケアビジネスの金融化された所有形態は、イギリスで完全民営化された10の水道企業の所有と企業統治形態に酷似している。イギリスの水道事業も、サービス提供者と最終所有者のあいだにいくつもの中間企業（ファンド）が介在し、すべての段階で利益を最大化し、最終的な利益はタックス・ヘイブンに消える。水道料金収入は安定しているにもかかわらず、補修などに必要な投資は先送りされ、所有者の報酬が最重視される。規制機関による監視は、複雑な所有形態に阻まれ末端にしか及ばない。

　水道にしろ高齢者ケアにしろ、このようなエッセンシャルワークの金融化を許せば、サービスの質の向上につながらないだけでなく、膨大な公的資金や利用者の支払う料金が、投資家や金融セクターに吸い取られる。労働者は最低限まで圧縮される。

＊4　オフショア取引…　非居住者の金融・証券取引に対して金融規制や税制面で優遇されている国際金融市場のこと。

ケアサービスの公共性を取り戻す

福祉や医療費を削減しようと公的な支出を減らし、民間企業に参入させ、金融化を許し、結局は相当の公的資金を使いながら、利用者の支払った料金とともに金融セクターや投資家に利益を吸い取られていく構造は、他のエッセンシャルワークでも同様だ。結果的には、もっとも不効率で不公平なお金の使い方だと思う。エッセンシャルワークを公共財、公共サービスとして市場原理から隔離する、まったく逆のビジョンが必要である。

3000万人の労働者をつなぐ国際公務労連とフェミニストの世界的なネットワークは、幅広い運動の連帯をめざし「ケアの社会的な再構築」(*5)というマニフェストを発表した。人は生まれてから死ぬまで、誰かにケアされ、誰かをケアし、そしてまたケアされる。ケアワークは有償も無償の仕事も、多くが女性の負担や犠牲で成り立っている。このマニフェストでは、有償、無償にかかわらずケアワークの社会的・経済的価値を認識し、ケアを人権と位置づけている。

国際的に見れば、ケアの階層的なグローバル・サプライチェーンが形成されている。というのも、グローバルサウス(*6)の貧しい労働者、主に非白人の女性たちは、金持ち国のケアの不足を補うために、出稼ぎし、低賃金で保障もない家事や育児のケア労働に従事しているからだ。自分の子どもは自国の親や親戚に任せるしかない。こうした移民や出稼ぎによる著しく安い労働力は、利益を最大化するケアビジネスのモデルにぴったりと合致する。

同マニフェストは、ケアを私的な領域として主に女性に無償で押しつけてきたことも批判し、ケアを公的で社会的な責任と位置づけ、国家が公的資金を適切に投入することを求める。そのためには国際的な協調による革新的で公平な税制が必要である。「#MakeCarePublic（ケアを公的に）」のスローガンも新鮮だ。ケアを政治的な課題に押し上げる国際連帯と運動は、確実に力をつけている。

＊5 “Care Manifesto: Rebuilding the social organisation of care” People Over Profit https://peopleoverprof.it/resources/campaigns/manifesto-rebuilding-the-social-organization-of-care?id=11655

＊6 グローバルサウス… もともと主に北半球にある先進国と主に南半球にある発展途上国間の不平等性を「南北問題」として論じる概念だが、最近では地理的な概念を超え、先進国内の格差、支配階級とそれ以外をも含意した概念となっている。

グローバルなフェミニスト経済と回復

開発における女性の権利協会（ＡＷＩＤ）も、国際的な運動のリーダーシップをとるフェミニストのネットワークである。２０２０年11月に発表された、五つの原則と10の行動からなる「グローバルなフェミニスト経済と回復」(＊7)という短いレポートでは、「女性の無償または低く価値づけられたケアワークに依存しながら、他の人の利益を最大化している」現在の経済を「社会的なインフラと人々と環境のケアのシステムを発展の基礎とする」経済に変えなければならないと指摘。さらに「ケアのシステム、医療・教育・住宅などの公共サービス、公共財と資源の平等な配分、食料主権、環境の保全を含めた社会的インフラへの投資が、成功的な経済を示す指標となるべき」で、「ケアを社会の中心にするために、強健でシステマティックな投資を行うことで、ケアのジェンダー不均衡を解消する」よう勧告する。

これらの運動やビジョンは、共通してフェミニスト経済学を基礎としている。長いあいだフェミニスト経済学は、育児や家事労働を非生産的労働として勘定に入れず、ケアワークを軽視あるいは無視する古典的な経済学に対峙して、経済における権力関係・支配関係を注視してきた。ただし、コロナ危機と気候危機のなかで、労働運動、公正な税制、気候正義、人権、開発など社会正義を求める幅広い運動と結束し、フェミニストによるオルタナティブが多様な運動をつなげる要として発展している点が新しい。私自身、国際的な社会運動の中に身を置きながら、そして個人的にフェミニストでありながら、コロナ前はフェミニストネットワークとの運動的な交流は乏しかった。しかし感染症による世界的な危機と、待ったなしの気候危機を目の当たりにして、資本主義の根源的な変更を求めるラディカルなフェミニストのオルタナティブが、この1年半で私の運動観にしっかりと根を張った。

その大切さと裏腹に非正規化され、圧縮されてきたエッセンシャルワークが可視化され、私の中で起きたような化学反応が、世界中の運動間で起きたのだと思う。ミュニシパリズム運動においても、根源的に資本主義を問うフェミニストのオルタナティブは思想的支柱になっている。気候正義運動とも確実にシンクロしている。ポストコロナ社会を構想するとき、脱炭素化社会の中心に広いケアワークを据える提案は具体的・実践的で、緊急性をともなって支持されている。

＊７　"Bailout Manifesto: From a Feminist Bailout to a Global Feminist Economic Recovery" AWID https://www.awid.org/publications/bailout-manifesto-feminist-bailout-global-feminist-economic-recovery

何が無駄で、何が大切なのか

日本では、国内外からのあらゆる批判を受け止めることなく、緊急事態宣言下でオリンピック開催が進行していったのが痛々しい。２０１３年に誘致が決定して以来、巨額の公費（税金）が説明責任を果たすこともなく、際限なく不透明に、オリンピック周辺の既得権益のために明らかに無駄に使われた。原発災害の犠牲者をはじめ、他の大切な課題を置き去りにして。いまの政権に望むべくもないが、オリンピックに向けられた政治的な強い意志、人材、資金が、仮に被災者の救済、気候変動対策、ジェンダー平等、コロナ禍で困窮する人々の支援へと向けられていたらと、むなしく想像する。

既得権益のためにジャブジャブと税金を使う一方で、災害に備えた水道管の更新や、過酷な環境で必死に働く看護師や介護士の給料はコスト削減の対象で、貧困世帯の子どもたちのための予算も非常に限られた社会。社会に必要な支出を宿命的に「コスト削減」させるやり口を、私たちははっきりと拒否しなくてはいけない。

環境が破壊されたグローバルな社会で今後、感染症や異常気象、災害のリスクは減ることはなく増える一方だろう。だからこそ、本当の無駄を見極めて、環境と生命を守る政治と経済に本気で移行しなくてはいけないと思う。東京オリンピックは、巨大な犠牲を払って、本当に削減するべき無駄なコストを世界中に教えてくれた。

5

2021年12月15日

偽りの「ネットゼロ」vs地域主権の「ジャスト・トランジション」

COP26と技術万能主義の「ネットゼロ」

先月（2021年11月）スコットランドのグラスゴーで気候変動に関する国連会議COP26が行われた。気候正義の活動家のあいだで、COPへの期待はもともと大きくはなかったが、それでも一般的には気候問題の国際会議がこれだけ注目されたことは過去なかった。

EUは先立って欧州グリーンディールや気候政策を発表し、2050年までに温室効果ガス排出をネットゼロ（実質ゼロ）、2030年までに1990年比で55％削減する目標を掲げた。その一環として2035年以降、ガソリン・ディーゼル自動車の新規販売を実質禁止することも含まれる。

一見、野心的な気候危機対策に聞こえるが、このCOPを通じてより明らかになったことは、ネットゼロのからくり、もしくは絶大な宣伝効果であった。気候対策にまったく後ろ向きな日本政府でさえ「2050年ネットゼロ」が言えることからも、疑ってかからなくてはいけない。

ネットゼロは単純に言うと足し算と引き算で、温室効果ガスを排出しても、同量をなんらかの方法で吸収すれば実質ゼロとするという考えだ。本稿はネットゼロの考え方の批判が主眼ではないが、私がひとことで言うならば「いままでと同じように化石燃料を燃やし続けて問題なし」に集約される。現に化石燃料産業はネットゼロを歓迎、１００を超える化石燃料企業から５０３人のロビイストをグラスゴーに送り込み、広報活動に精を出す一方で、いままで以上に石油や天然ガスを採掘する計画を明らかにしている。

ネットゼロが頼るところは、炭素回収・貯留の技術、大規模な植林、水素開発に尽きる。炭素回収・貯留の技術は証明も実用化もされていない。実質的なCO_2排出の削減を遅らせるだけの代物と気候正義運動から批判される一方、汚染産業やそれを支える科学者は、こぞって推進している。また、大規模な植林によるCO_2吸収という策も、アフリカなど広大な土地における単一的な植林そのものが環境的、社会的に問題ありとされる。水素は燃やす際に温室効果ガスを出さないが、先述した通り、生産にあたってはその96％が化石燃料由来である。さらに、これに電気自動車（EV）が加わる。これらすべては、現在のレベルの破壊的なCO_2排出を正当化する。

賢明な読者はお気づきだろう。これらすべてが過剰に技術に頼る技術万能主義で、とくに先進国に蔓延している。気候変動問題を無視できないと気がつき始めた中産階級には、この技術万能主義は聞こえがいい。技術的解決を信じることで、現在の生活を変えずとも罪悪感を覚えずに済むからだ。自宅の庭に本格的なプールを持つ、私の数少ない金持ちの友達が真剣にこう言った。「（3台目の車を）テスラに替えたから、プールの環境負荷を相殺できるよね」。私は絶句しつつ、技術万能主義の破壊的な威力を痛感した。COPはボリス・ジョンソン首相率いるイギリス政府と化石燃料業界の共同プロデュースで、「ネットゼロ」という新しく洗練されたグリーンウォッシュ(＊1)を、歴史にない規模でPR戦略を駆使し大成功させた。私は気候正義活動家たちの厳しい評価に賛成である。

気候変動危機を回避するために、本質的にしなければならないことは、温室効果ガスの絶対量を劇的に減らすこと。そのために、化石燃料中心の経済から再生可能エネルギーを中心とした低炭素社会に移行することだ。残された時間は少ない。国際的なレベルから国、地域や個人まで、みんなが本気にならなくてはいけない。

＊1　グリーンウォッシュ…　企業などが、みずからの事業による環境への悪影響を根本的に解決しないまま、表面的な環境性能やエコロジー性を謳ったり、CSR等で環境問題への取り組みをアピールしたりする戦略を批判する言葉。

「ジャスト・トランジション」の3事例

さて、私の所属するTNIでは、約1年間の調査と執筆を経て『公共財とサービスの民主的または共同の所有：公・コミュニティ連携の検証』(＊2)という報告書を世に送り出した。食と農、ケア、水道、エネルギー、都市開発、住宅の6分野で、自治体もしくは公的組織とコミュニティ団体が対等なパートナーシップを結び、公共財とサービスを住民に提供している43事例を調査し、とくに興味深い10事例を詳しく紹介した。

対等なパートナーシップの要素として、市民と自治体の共同所有、共同の統治、共同の政策プロデュース、共同の革新的な資金調達に注目した。この仕事は、従来型の官民連携（PPP）のオルタナティブを模索するアムステルダム市の「フィアレス・ユニット」から受けた委託調査だったが、民主的かつ共同性のある公的所有の具体的なありようを深めたい私のチームの関心と一致し、引き受けたものだ。

以下で紹介するのは、この報告書のエネルギー分野からの三つのストーリーである。抜本的なCO$_2$削減と低炭素化社会への移行にあたって、気にすべきことがいくつかある。まず、再生可能エネルギーの生産やインフラを所有するのは誰かということ。たとえ太陽光や風力であっても、シェルやBPのような巨大な石油企業がビジネスモデルの一部として提供する「クリーン」エネルギーはお断りだ。モロッコの広大な砂漠に住民度外視の巨大な太陽光ファームを作り、土地と労働を搾取し、莫大なコストをかけてエネルギーをヨーロッパに輸送するといった事業も「ジャスト・トランジション（公正な移行）」ではない。

ジャスト・トランジションは、温室効果ガスの実質的な削減を、社会正義をともなった公正なやり方で行うことにこだわる。社会の中で周辺化されやすい低所得世帯、女性、労働者、移民や難民を取り残さず、弱い者に移行の負担を押しつけない、という考え方でもある。

＊2　以下でダウンロード可能。https://www.tni.org/en/publication/democratic-and-collective-ownership-of-public-goods-and-services

①ドイツ・ヴォルフハーゲン——市民協同組合が電力公社を共同所有

ドイツのヘッセン州北部の小都市ヴォルフハーゲン（人口約1万4000人）は、2005年にいち早くドイツ系電力多国籍企業エーオンと20年の契約を経て決別し、送電線を再公営化した。それだけではない。同時に、新設された市営電力公社シュタットベルケ・ヴォルフハーゲンの共同オーナーに地元のエネルギー協同組合を迎えることで、市民と自治体が協働する電力モデルのパイオニアとなった。[＊3]

まずシュタットベルケ・ヴォルフハーゲンは、市民エネルギー協同組合「BEGヴォルフハーゲン」の設立を支援。BEGは電力公社の25％の株を所有し、公社の戦略的な意思決定をする理事会の9人中2人はBEGの代表者である。

BEGは264人の市民によって設立され、住民から一口500ユーロの出資（最大4口まで）を募り、電力公社の25％の株を取得するために必要な230万ユーロのうち147万ユーロを調達した。不足分は市が低率のローンを提供し、それを資本に組み入れた。これによって2013年には必要な230万ユーロ全額を調達できた。

再生可能エネルギー事業によって電力公社ヴォルフハーゲンは安定的な利益を上げており、市民出資者は4％の配当金を受け取っている（2016年時点）。協同組合であるBEGのメンバーは814人に増えており（2016年末）、これはヴォルフハーゲン市の人口の約7％にあたる、決して小さくない人数である。協同組合の資産は390万ユーロになった。基礎的な形ができたいま、協同組合はさらに参加できる市民のすそ野を広げようと、出資金500ユーロを20ユーロずつ2年かけて払うことのできる選択肢を作った。これによって所得の高くない世帯も参加し、投資の利益を享受できる道を開いた。市民エネルギー協同組合は往々にして、教育水準の高い白人ミドルクラスの運動であると批判されるが、BEGの実践は包摂的な協同組合運動が可能であると示している。

ヴォルフハーゲン市の視点から見てみよう。市はエーオンとの契約が満了になる機会をとらえ、化石燃料由来の電力企業と手を切り、「2015年までにすべての世帯に地元で生産された再生可能エネルギーを提供する」という目標を2008年に設定した。以降、市は太陽光や風力ファームといった再生可能エネルギーインフラを建設してきたが、小さな町の限られた予算で、再エネのインフラを持続的に発展させるにはどうしたらいいかという課題があった。そこで、地元での再エネ戦略を発展させるために、電力公社を市民協同組合との共同所有にするという革新的なアプローチをとったのだ。

このパートナーシップで、電力事業を住民と市が共同所有し、利益を分かち合い、共に意思決定を行う体制ができた。そして、住民が積極的にかかわりながらエネルギーシフトの道を歩み始めた。加えて協同組合BEGの主導で「節電財ファンド」も設立している。このファンドの理事会は9人がＢＥＧから、１人は電力公社、もう１人は自治体職員という11人構成だ。このファンドは電力公社が上げた利益の一部をプールし、地元住民を支援するエネルギープロジェクトに充てられる。

ヴォルフハーゲン市は、送電線の公的所有を出発点として「公・コミュニティ連携」を可能にし、民主的な共同所有の形を開いた。市民による出資という形の貢献が、地元が所有する再生可能エネルギーのインフラ発展を可能にし、それによって生まれた利益が地域に還元されるサイクルをつくった。この「公・コミュニティ連携」は、市民中心のエネルギー・トランジションをめざすという市の社会的ビジョンと行動なしにはあり得なかった。そしてヴォルフハーゲン市は、目標より１年前倒しで、２０１４年に再生可能エネルギー１００％という供給目標を達成した。

＊3　シュタットベルケ（stadtwerke）…　ドイツにおいて電気、ガス、水道、交通などの公共インフラを整備・運営する自治体所有の公益企業（公社）。

②スペイン・カディス――半民半官電力会社でもできた参加型のエネルギー政策

スペイン南部アンダルシア州の都市カディス（人口約12万人）は、２０１５年と２０１９年の地方選挙で連続してミュニシパリズムを標榜する市民政党が勝利したことで名高い。現在２期目にして、半民半官の電力会社「エレクトリカ・デ・カディス」の改革がさらに進んでいる。同社の株式は55％を市が所有し（残りはスペイン系電力多国籍企業２社）、カディス市の世帯の80％、市の保有する設備・建物の１００％の電力を供給する。送電線インフラも所有する地域の主要な電力会社であるにもかかわらず、ミュニシパリストが市政を掌握する前は、投資も維持運営も不明瞭、不透明な企業であった。

新市政が最初にしなくてはならなかったことは、電力供給の知識を取り戻すことだった。そのために広範囲にわたる市民への聞き取りやアンケート調査を行った。調査の結果、90％の市民がエレクトリカ・デ・カディスに100％再生可能エネルギーの供給を望んでいることが明らかになり、市政は改革への自信を深めた。それはミュニシパリスト市民政党の公約のひとつでもあったからだ。

地元で生産される再生可能エネルギー100％に移行する挑戦がそこから始まった。この目標を達成するために、市は市民と協力する道を選んだ。最初に常設の「カディス・エネルギー・トランジション委員会（MTEC）」と、期間限定の電力貧困対策委員会（MCPE）を設置した。両方ともエレクトリカ・デ・カディスへの市民的参加と協力のための委員会であり、専門家、環境団体、市民、カディス大学、エレクトリカ・デ・カディスの労働者、エネルギー協同組合のSom Energia（組合員約7万6000人）のメンバーが自発的に参画した。

両委員会の使命は、エレクトリカ・デ・カディスを100％再生可能エネルギーの供給会社にすることだ。できるだけ組織体制をフラットなものにし、コンセンサスを追求する組織的な文化の醸成も改革の一部であった。MTECは2週間に一回集まって討議を重ね、目標達成のために市議会がすることと、MTEC自身がすることの提案書を作った。

一方、電力貧困[*4]に取り組むMCPEは、エネルギーシフトに当たって、市行政が無所得・低所得の世帯に提供する補助金や電力料金設定体系を提案する仕事を担った。ＭＣＰＥが作った共同政策「社会的な低料金体系」のユニークな点は、無所得・低所得の世帯に低料金の電力を保障する一方で、世帯は電力やエネルギーに関する知識を養うプログラムを受講することだ。「尊厳ある生活のための権利」として一定の電力を保障しつつ、同時に低所得世帯に対して電力やエネルギー使用に関する教育的なサポートも行うという施策だ。

「社会的な低料金体系」政策のもとで、市は２０００世帯の電力供給を保障している。ＭＣＰＥのメンバーの一部は講習を受けて電力アドバイザーとなり、何百もの家族の教育的支援にあたっている。さらに市は、失業者を対象に講習を行い、電力アドバイザーとして雇用した。このプログラムの結果、アドバイスを受けた１０５７世帯が、電力契約を見直すことなどで年間60〜３００ユーロ（平均90ユーロ）を節約することができたという。

＊4　電力貧困……欧州では電力の民営化が極度に進んだ結果、むしろ寡占化が進み電気料金が高騰している。英国やスペインでは、電気料金の支払いに困る世帯は1割以上で無視できない規模になっている。電力貧困はこうした状態をさす言葉。

③イギリス・プリマス——地元所有の再エネインフラが公正な移行を可能に

かつて港町として栄えた英国南西部の小都市プリマス。近年は製造業が低迷し、経済的な繁栄や安定とはほど遠い地域となった。10年以上にわたる国の厳しい緊縮財政は、社会的支出の大幅削減

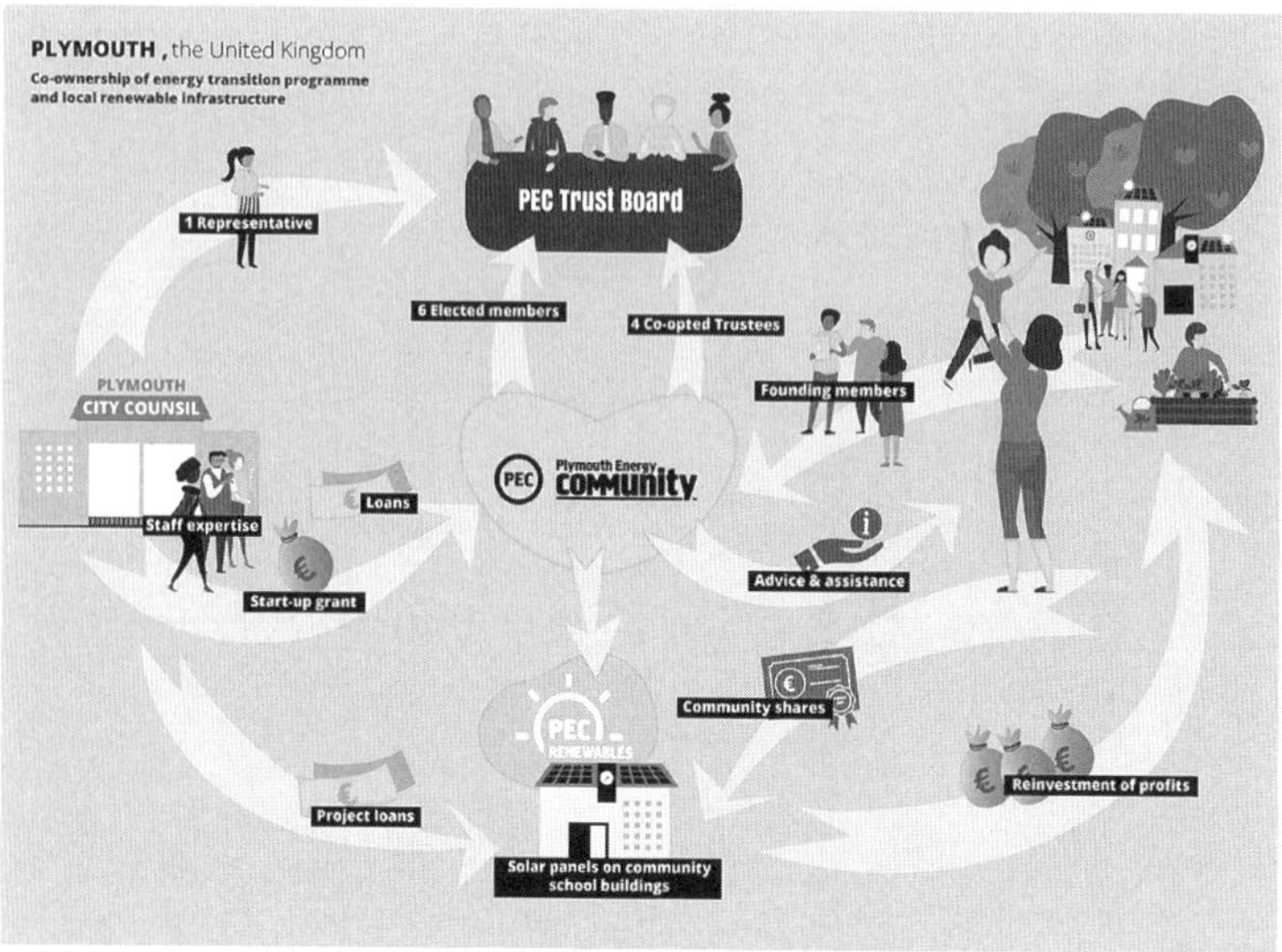

図１　PECによる事業と組織図
（『公共財とサービスの民主的または共同の所有』報告書より）

という形で地方にあらわれ、住民の健康や公衆衛生が大きく後退した。子どもの貧困率、電力貧困世帯率がともに40％に上っている。このような状況の中で市議会は、健康の悪化と電力貧困という関連した問題を解決するために、地域コミュニティと協力する道を選んだ。市議会は、のちにプリマス・エネルギー・コミュニティ（ＰＥＣ）として知られるようになる地域住民の組織を対等なパートナーとして位置づけ、その立ち上げに協力した。

　ＰＥＣは協同組合の倫理をベースに、社会的企業として２０１３年に誕生。以来、ＰＥＣは市議会と二人三脚でエネルギー関連のプロジェクトに取り組んできた。ＰＥＣの挑戦のひとつは、地元住民が所有する太陽光などの再生可能エネルギーインフラをつくることだ。そのために、市議会からの融資に加え、コミュニティ債を発行し、地域住民が50ポンド（約7500円）から「投資」できる仕組みをつくった。このような資金調達を経て現在、小学校や公民館の屋上など21か所に及ぶ太陽光パネル群の設置を成功させた。これらのインフラから2万1418メガワットのクリーンなエネルギーを地元のために生産できたうえ、利益も出している。さらに2016年、グリーン・コミュニティ・トラスト（FGCT）という地域経済開発トラストと協力して、放棄された土地をコミュニティの財産に変えるべく、4メガワット／時のエネルギーを生むソーラーファームの建設を行った。これにより1000世帯分の電力供給が可能となった。

2017年までに地元の投資家は520人になり、合計240万ポンド（約3億6000万円）の資金を調達。市からの融資とコミュニティ債による住民からの投資という二つの組み合わせで、PECは行政に依存することなく、少しずつ住民所有のインフラをつくり拡大している。公とPECのパートナーシップは、単に資金を調達することを超えて、地元の資源や知恵を引き出すことができた。PECが小学校やFGCTのような他の社会的組織とつながっているからだ。

PECのソーラーファームから生まれた収益は、市民投資家に還元した後、サービス向上や料金の値下げとして利用者に還元される。さらなる余剰収益は、電力貧困世帯を支援する社会プログラムや他のコミュニティプロジェクト、たとえば市民菜園の運営などに充てられる。地元住民所有の再エネインフラから上げられた利益の合計は累計で150万ポンド（約2億2500万円）に及び、エネルギーアドバイザーという新しい雇用も創出できた。誰も取り残さないトランジション、地元の経済と福祉を全体として向上させるモデルだ。

ＰＥＣは市議会と協働していることは確かだが、戦略的な決定を行うにあたっては、社会的企業として市議会から完全に独立し、自主性を守っている。理事会は市議会議員１名、ＰＥＣ内選挙で選ばれたメンバー６名、経営などの専門性を持った評議員４名からなる。理事会メンバー（無償）は定期的に集まり、それぞれの知識や技術を出し合う。この共同の統治形態が、ＰＥＣと市議会の協働を継続させる。

「公正、廉価で低炭素の電力システムを、住民を中心に置いてつくり、地域と地域に住む人を活気づけること」というＰＥＣの使命は、市議会の支援なしにはかなわなかった。逆に、市議会や自治体だけが舵を取っても、住民所有の再エネインフラが成長し、富が地域に循環することもなかっただろう。市議会はＰＥＣのような地域組織を支援し、対等なパートナーとして協力関係を築くことで、電力貧困世帯と地元のクリーンエネルギーをつなぎ、住民主体のジャスト・トランジション戦略を展開している。

まとめ――市民と自治体による実践への支援を

これら三つのストーリーには、ネットゼロや「未来の燃料」グリーン水素のような「まやかしの華やかさ」はないが、絶対的なCO_2排出量を削減する自治体と市民のやる気と知恵と実践がある。

再生可能エネルギーはどこにでも存在する地域の資源だ。外国企業などではなく、公的機関と住民が所有し、民主的に管理することで、気候変動や不平等という今日的な難題を、地域の力を蓄える前向きな課題に変換できる。国家やEUは気候変動対策として、またはグリーンニューディールとして、化石燃料系の企業や既得権益、楽観的な技術万能主義と袂《たもと》を分かち、市民や自治体が自律的に実践するジャスト・トランジションを公的資金によって支援し、公共政策で他のどこでも実践できるように拡大してほしい。無駄にする時間は一秒もないのだから。

第4章

「もうひとつの世界」は もう始まっている

ドイチェ・ヴォーネンキャンペーンによる住宅公営化を求めるデモ
（2021年11月, Photo by Shushugah, CC BY-SA 4.0）

1

2020年8月19日
フランス地方選挙で起きた「躍進」
——市民型選挙の戦い方を学ぶ

フランスで「ミュニシパリズム政治の躍進」

２０２０年のフランス地方選挙では、新型コロナの影響で3か月ほど延期された決選投票が6月末に実施され、3月中旬の第1回投票で議席が確定しなかった４８２０市町村の地方議会議員と市長が選出された。(＊1)

各国メディアは「フランス地方議会に『緑の波』」と大きく報道した。フランス第二の都市であるマルセイユをはじめ、リヨン、ナント、ストラスブール、ボルドーを含む8の主要都市で「ヨーロッパエコロジー・緑の党（ＥＥＬＶ）」が勝利し、7人の「緑の新市長」が誕生したからだ。パリやマルセイユなど10大都市の市長の6人が女性というのも嬉しい驚きだった。

パリでは社会党のアンヌ・イダルゴ氏が再選。社会党と緑の党の連合であるイダルゴ市政は、気候変動への取り組みと環境課題を考慮した「緑の政治」で世界的なリーダーシップをとってきたが、それが支持された。大きく言えば、緑の党と社会党などの左派（グリーン・レッド連合）の革新勢力の勝利であった。一方で、マクロン大統領率いる国政与党の「共和党前進」は大都市すべてで敗北した。マリーヌ・ル・ペン率いる極右政党の「国民連合」は、ペルピニャンという中都市で第一党になったほかは、全体としては１４３８人いた地方議員数を40％も減らしている。

このあたりまでが一般的なニュースで読み取れる結果ではないかと思うが、もう一歩この「緑の波」を掘り下げてみよう。主要なメディアは「緑の党の躍進」と表面的に伝えているが、「ミュニシパリズム政治の躍進」として見たほうがずっとおもしろい。

＊1　フランスの自治体議会選挙は人口規模によって方式が異なるが、人口1000人以上の場合は政党別候補者リストへの2回投票制をとる。第1回の投票で過半数を獲得した政党がなかった場合には2回目の投票を実施する。

各都市での市民コレクティブの実践例

今回の地方選挙に向けた選挙運動のなかで、フランス全国に４１０ものミュニシパリズムに基づく「市民コレクティブ」が誕生し、選挙戦を戦った。市民コレクティブとは何かというと、左派政党だけでなく市民団体や社会運動体、個人も加わって、市民参加型の候補者リストを一緒につくりあげていく選挙運動の形のことだ。

こうした市民コレクティブを生み出した「ミュニシパリズム運動」は、スペインから広がった新しい政治運動で、議会制民主主義に限定せず、市民権や市民の政治への直接参加を重視する。経済については、利潤と市場の論理よりも市民、公益、コモンズ（公共財）を優先する。「それって具体的にはどういうこと？」と思う方も多いだろう。そこで今回は、マルセイユ、トゥールーズ、グルノーブルの選挙戦から、ミュニシパリズム政治の作り方（レシピ）のヒントを探ろう。

主要メディアではあまり報じられないミュニシパリズム型選挙戦について私が知ることができたのは、「ＭＩＮＩＭ」(＊2)というミュニシパリズムの情報や分析を発信するサイトのおかげだ。フランスの活動家と共同で「Municipalist France!」という英文記事を発信し、「緑の波」がどのように起きたのかを伝えていた。

ＭＩＮＩＭは、国境を越えてミュニシパリズムの戦略を共有するために、バルセロナ・コモンズ出身の活動家たちが立ち上げたサイトだ。ほかにもフランスでは、各地のミュニシパリズム運動をつなぐＮＧＯ「コモンズポリス」が国内ネットワークと国外への発信において重要な役割を果たしている。身近な地域政治を主眼とするミュニシパリズムだが、こうした国際的なネットワークや発信力を持っている点が最大の強さである。

＊2　MINIMウェブサイト　https://minim-municipalism.org/

〈レシピ1〉マルセイユ――チキン＝生活こそが政治である

人口86万人のフランス第二の都市マルセイユでは、ジャン＝リュック・メランションが率いる政党ＦＩを含め五つの左派政党が連合し、五つの市民政治組織と合同して市民コレクティブを２０１８年に編成した。そこにフランス最大の労働組合ＣＧＴ（フランス労働総同盟、マルセイユでは組合員1万５０００人）が積極的参加を表明。

マルセイユの市民コレクティブは、環境汚染と経済的不平等は過去最悪であり、地域の治安や住環境の悪化はもはや生きるか死ぬかのレベルの課題だ、という共通認識から出発した。「Let's be crazy, believe in politics（バカになって政治を信じてみようぜ！）」というスローガンはセンスが良いと思う。

10の組織を中心とする市民コレクティブが、普通の市民もかかわる選対をつくるために始めたのは、「チキン（鶏肉）」というコンセプトで料理を作って住民に振る舞うことだった。チキンは「生活」を象徴する。チキン＝生活こそが政治であるとして、労働者階級が多く住む地区の活動家や家族が参加できるよう呼びかけ、鶏肉料理を食べながら、この街に希望ある生活をつくるための話し合いを行ってきたのだ。そして今回の選挙では、95年以来保守市政が続いたマルセイユで市民コレクティブが勝利し、新人のミシェル・リュビロラ候補が市長になった。

〈レシピ2〉トゥールーズ――「もしあなたが選ばれたらどうする？」

フランスで4番目の都市トゥールーズ（人口47万5000人）の市民コレクティブの名前は「市民アーキペラゴ（島々）」。2017年夏に発足した同組織はユニークな手法が注目を集めており、とくに候補者リストの作成方法は画期的だった。リストのうち3分の1（70人）は「市民アーキペラゴ」メンバー間のくじ引き、もう3分の1は他のメンバーによる推薦、そして残りの3分の1は立候補というものだ。

2019年5月、39歳の看護師で三児の母であるアガーテ・ヴォワロンの家に届いたフライヤーには「もしあなたが選ばれたらどうする？」と書かれていた。彼女はいつも投票には行っていたし、投票は大事だと思っていたが、自分が選挙戦にかかわるとは思ってもみなかったという。最初の市民アーキペラゴの会合に顔を出したときに、参加者の多様性や、誰もが他の人を遮《さえぎ》ったりせずに対話している姿に驚き、すぐに好きになった。その後、彼女は7人のスポークスパーソンの一人として互選された。

今回連合した緑の党、三つの新興の左派政党（ＩＦ、Place publique、ニューディール党）、海賊党[＊3]、社会党の左派6党もこのユニークな手法を支持し、数人のスポークスパーソンを出している。残念ながら「市民アーキペラゴ」は敗れてしまったが、僅差での第二党だった。

＊3　海賊党（Pirate Party）…　市民権、直接民主主義、著作権と特許の改革、オープンソース、情報公開、ネッ

トワーク中立性などを推進する政党・政治運動。欧州を中心に70か国超で国政議員や地方議員、首長を擁し活動する。

〈レシピ3〉グルノーブル――「組織の論理で行う選挙を変えたい」

人口16万人のグルノーブル市では、緑の党と左翼党（PG）の連合が再度支持され、緑の党のエリック・ピオル市長が2期目の当選を果たした。2014年の前回選挙で勝利したピオル市長のリーダーシップによる、過去6年間の革新的でグリーンな市政が有権者に評価された。

グルノーブルでは前回選挙のときにも先駆的に市民コレクティブ「グルノーブル・コモンズ」がつくられていた。そして候補者の半数を市民組織から、残り半数を政党（緑の党と左翼党）から選出したリストを作成した。6年間の市政を通じて、グルノーブル・コモンズはさまざまな参加型民主主義の実験を行ってきた。市議会議員の給料を25％削減し、2000筆の署名から始められる住民投票提案条例を制定。ほかにも、歩行者中心の市街地づくり、大型広告の撤廃、電力の再公営化と地域暖房システムの開発などがある。

そして今回の選挙でグルノーブル・コモンズはさらに勢力を伸ばした。候補者リストには、共産党や社会党といった伝統的な左派政党だけでなく、新興の左派政党であるPlace publiqueやGénération. s、海賊党も加わった。再選されたエリック・ピオルは緑の党所属だが、常に緑の党の選挙運動戦略からは一定の距離を置いていた。「組織的な論理で行う選挙そのものを変えたい」というのが彼の信念で、それに誠実であり続ける人だという評判だ。

「2014年に私たちは、市の政治のあり方そのものの変革の挑戦を始めた。いままでの政治は、左派政党と保守政党が交代をくりかえし、権力のやり取りをすること意味していた。私は政治と政策の所有権を市民が持つことこそが政治だと信じている」（エリック・ピオル）

環境だけでなく、より広い社会正義を求める声

ミュニシパリズムの政治と選挙の小さなフランスツアーはいかがだっただろうか？　今回の選挙で、ミュニシパリストを自認する候補者1324人が地方議員に当選した。小さな町も含めて410ものミュニシパリストの市民コレクティブが誕生し、その80％が代表者を送り出すことに成功し、66の市民コレクティブが第一党として勝利し市議会で勢力を握った。

これだけの数の市民コレクティブは、もちろん自然発生したのではない。2015年と2019年のスペイン地方選挙で、ラディカルな民主主義や市民参画を掲げて市民プラットフォームを作り選挙に臨んだバルセロナ、マドリッド、カディス、バレンシアなどのミュニシパリズム地方政治運動に大いに触発され、その経験がフランスでも活かされたのだ。

選挙を前にした2019年12月、フランスでのミュニシパリズムの芽生えを伝えるマップ（図1）を独立系メディア「Basta!」が作成した。それぞれのアイコンは市民コレクティブの構成グル

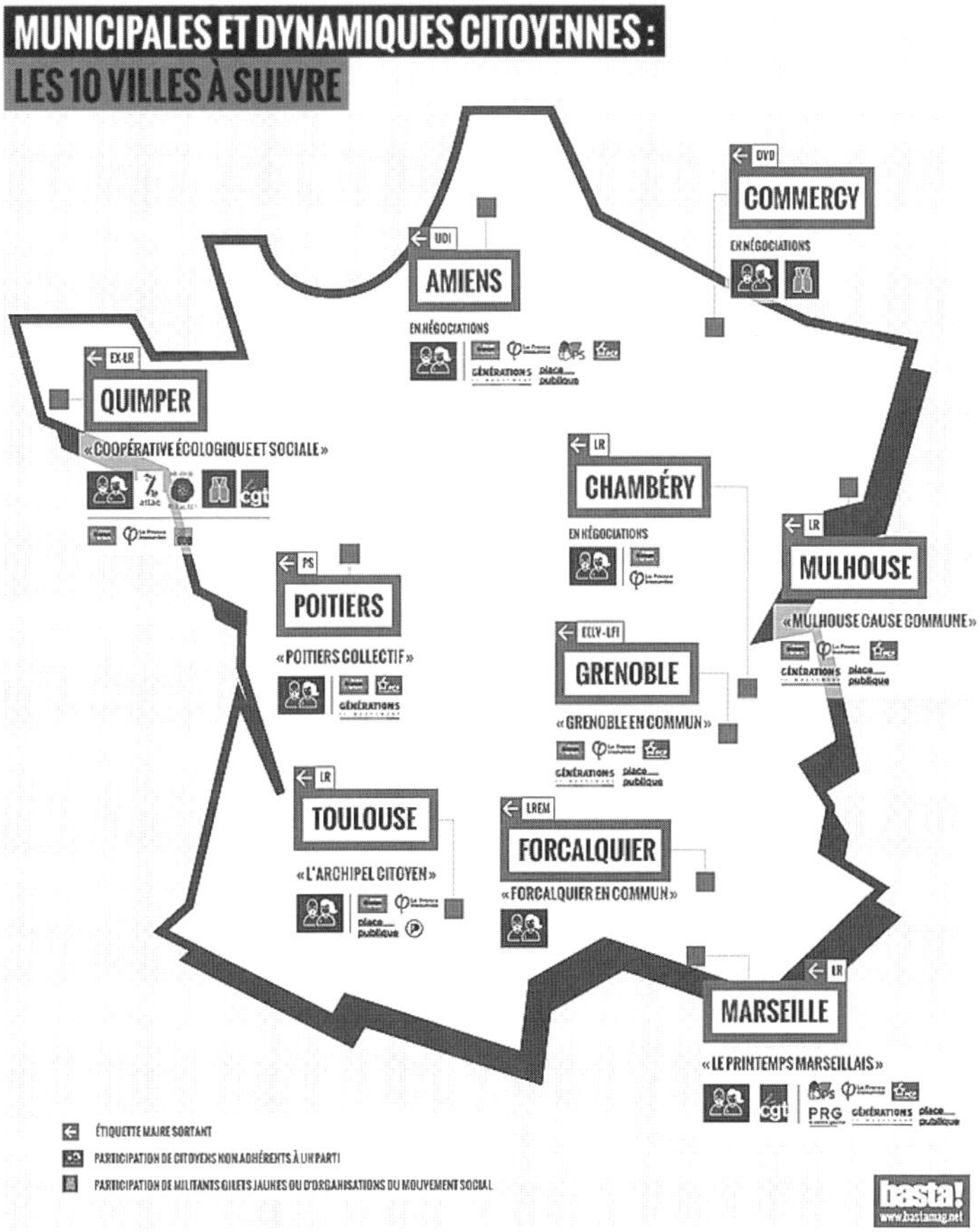

図1　フランス各地のミュニシパリズム自治体マップ（Bastamag.net より）

ープを示している。人物のアイコンは政党員ではない市民が候補者リストに加わっていることを示す。黄色いベスト運動やATTACフランス(＊4)の社会運動アイコンも見える。それ以外は緑の党、伝統的左派政党の社会党と共産党、先に紹介した新しくラディカルな左派政党だ。

「緑の波」と言われるように、緑の党が主要政党の中で一番得票したことは確かだが、多くの緑の党の候補者は、従来の政党中心の選挙から距離を置いて、さまざまな運動体や左派政党の橋渡しをする役割を果たした。そのような候補者には、環境課題だけでなく、より広い社会正義の問題を等しく訴えたという共通点がある。

市民コレクティブが共通して希求するのは社会正義、エコロジー、地域の民主主義の再生である。政策だけでなく、コレクティブ内部の運営そのものにおいてもフェミニズムや多様性を重視するのも特徴だ。「緑の波」はエコロジーな社会への移行を超えて、社会的正義、直接的民主主義、介護(ケア)や医療といった公共サービスと公共財の民主的な管理、フェミニズムを政治の中心課題としている。

＊4　ATTAC…　1998年に設立された国際NGO「市民を支援するために金融取引への課税を求めるアソシエーション」の略称。

社会運動が圧力をつくり、地方政治が国政を変える

2018年、マクロン政権が気候変動対策として燃料税を引き上げることに、地方のトラック運

転手や労働者階級は怒り、黄色いベストを着て大規模な抗議行動を起こした。富裕層や大企業には減税しながら、生活が苦しい層を直撃する環境政策は「低炭素化社会への公正な移行（ジャスト・トランジション）」ではない。

２０１９年後半は、マクロン政権の年金改悪に反対する労働組合のゼネストが何度も、かつ長期にわたって組織され、都市機能を麻痺させた。こうした抗議運動を警察は国家的な力をもって暴力で弾圧した。その間、学生たちの気候のための学校ストライキ、#MeToo から火がついた女性に対する暴力への抗議と新しいフェミニズムの波が国際的に起きた。エリート主義の政治に怒る民衆の、社会正義と環境保全を求める社会運動が、集合的な社会的圧力をつくっていった。このような民衆の怒りや、伝統的な政党政治に飽き飽きした層が極右ポピュリズムに吸収されることを回避して、地方政治の場で「緑の波」を起こした意義は深い。

国政与党は地方政治で支持と基盤を失った。選挙結果が出た翌日、マクロン政権は、経済のグリーン化のために１５０億ユーロ（１・７兆円）の新しい予算をつけるフランス版グリーンディールを発表した。これからも地方政治が、国政を包囲するように国政アジェンダを動かしていくだろう。

2

2020年10月14日
保守政治を打ち破り、分断を越えるための草の根の拠点

史上最高のジェンダー平等を達成した新政府

少し乱暴な比較になるが、日本の自民党とベルギーのN-VA（新フラームス同盟）は私にとって存在が似ている。自分と社会観の近しい人とはそのことを激しく共感し合える一方、自分のサークルを一歩出ると、気軽には批判できないところも同じ。日本での自民党と同様に、ベルギーでは積極的であれ消極的であれ、N-VAの支持者が多いからだ。とくにフランダース地方では顕著だ。

N-VAは複雑な顔を持つ政党であるが、フランダース・ナショナリズムや分離主義(*1)をアイデンティティとしており、とくに2014年以降の勢いはすごい。ベルギー連邦政府、フランダース地方政府、ベルギー選出の欧州議会議員のすべてで第一党である。経済面では自由市場主義で自由党と近く、文化面では保守的でキリスト教民主主党と近く、地域ナショナリズムではより過激な極右政党「フラームスの利益党（VB）」と協調している。環境主義を装いながら原発は擁護。大企業減

税を支持し、移民政策では強硬的。ベルギーに引っ越す際、候補地からフランダース地方の都市アントワープを最初に除いたのは、N-VAの牙城だからだ。

2018年12月、国連で152か国が賛成して採決された移民保護の国際協定「安全で秩序ある正規移住のためのグローバル・コンパクト」にベルギー政府が賛成したことに反発して、N-VAは連立与党を離脱。当時の首相は責任を取って辞任した。それ以来、ベルギーでは政治的な混乱が続く。2019年5月の選挙後は、連立の交渉が実に約16か月間も続き、その間、正式な組閣ができずにいた。しかし、そんななかでもコロナ危機に際しては臨時政府が樹立され、代理首相ではあるがベルギー初の女性首相となったソフィー・ウィルメスが舵取りを担い、踏ん張った。

連立交渉が長引いた理由のひとつは、N-VAが「ベルギーがひとつの国としてまとまるのは無理」というイメージを国民に与えようとして、あの手この手の非協調的行動や威嚇するような発言を行い、政治の混乱を強調したからだ。しかし結果的に、横暴なジャイアンであるN-VAは外されて、社会党、自由党、緑の党、キリスト教民主党など7党で連立の合意を果たしたのは痛快だった。これでやっと新しい政治の空気になった。

ベルギーの内閣は首相も入れて大臣クラスが20人。2020年10月1日に発足した新内閣では、そのうち半分の10人が女性である。首相のアレキサンダー・デクロー（自由党）の44歳をはじめ、一番多いのは40代（12人）、次は30代（5人）、50代（2人）、60代（1人）という編成で、平均年齢44歳。右派で男性中心のN-VAが与党にいたらありえなかった編成で、これまた痛快。一番の若手は、イラク難民の父とベルギー人の母のもと、ブリュッセルで生まれ育った32歳のサミー・マハディだ。国務長官で難民・移民担当である。

ベテランのペトラ・デゥスッテル（緑の党）は欧州議会議員として活躍していたが、副首相兼大臣に任命され国政に戻ってきた。彼女は新設された公共サービスを統合的に扱う省の大臣となった。日本語に訳すなら「公務・公営企業省」となるだろうか。社会保障・保健省（日本でいう、かつての厚生省のような省庁）とは別にこのような省ができたのは、コロナ危機で公共サービスの重要性が認識されたからだろう。彼女はこれまでも科学者・医師として、医療倫理の専門性を持って難題に取り組んできた。政治的な手腕で名高いだけでなく、トランスジェンダーの政治家としても有名だ。私が働くTNIの集会にもスピーカーとして来てくれたことのある進歩派で、プログレッシブな人たちのあいだにファンは多い。

＊1　ベルギーはオランダ語圏である北方のフランダース地方、フランス語圏である南方のワロン地方、その真ん中に位置する特別区のブリュッセルから構成される。これらの地方は対立の歴史をもち、現在は経済的優位にあるフランダース地方が独立をめざす動きがある。

多様性、ジェンダー平等、刑事司法制度、環境……

さて、ここまで読んだ読者は「それで、そんな連立政権はどんな政策プログラムに合意したの？」と思うに違いない。

この連立政権は、33億ユーロ（約4100億円）の新しい予算を重点政策分野へ充てることに合意している。最大の支出は年金改革で、自営業者も含めて最低年金を月額1580ユーロ（約19万円）に引き上げ、最低生活保障費も増額する（予算23億ユーロ）。また、コロナ危機下で重要性が見直された医療保健セクターの改善も目玉だ。医療保健セクターでの賃金上昇と4500人の新しい雇用をめざす。

ほかにも、公衆衛生予算をインフレ率にプラスして年2・5％増加させ、個人の医療費負担の低減も図ること（予算12億ユーロ）、気候変動政策（予算10億ユーロ）、行政サービスのデジタル化、鉄道への投資、さらに刑事司法制度の改善のための投資（予算90万ユーロ）もあり、裁判所や刑務所の施設改善のほか、刑事手続きの透明化、犯罪予防を重視した地域の治安維持のための1600人の新しい警官の採用などに充てられる。

環境分野では「ペットボトルと缶のデポジット制の検討に入る」のが目玉だろうか。デポジット制とは、商品購入時に預り金を払い、使用後に容器を返却すれば返金される仕組みだ。壮大な気候変動の危機を目の前にして「へなちょこ」な政策に聞こえるが、これだけ使い捨て文化が浸透している社会で、デポジット制の導入は比較的「ラディカル」と言わなくてはいけない。2019年にEUは「一部のプラスチック製品を禁止する」とのEU指令を通過させた。これは加盟国に対し、2025年までにペットボトルの原料に25％のリサイクルペットを使うことを義務づけるものだ。デポジット導入となれば、比較的きれいなまま90％のペットボトルを回収できるというノルウェーやリトアニアでの経験があり、ベルギーもそれに続こうというわけだ。

さらに、賃金格差の是正によるジェンダー平等の実現、男性と女性の育児休暇の平等化、公的セクターの上級職に女性や多様な属性の人々を採用すること、専門家による刑法の再評価とフェミサイド（女性ないし少女を標的とするなど性別を理由にした殺人）に対する処罰の法制化などを検討する。これ以外にも、16歳からの欧州議会投票権の付与、内部告発者の保護の法制化なども政策プログラムに含まれている。ただし、これらがどのくらい具体的に進められるのかは、報道記事だけでは判断できない。

そして税。これがとりわけ重要なのは、ベルギーはヨーロッパで2番目の租税回避国（タックスヘイブン）であり続けており、税金を回避したい多国籍企業を惹きつけているからだ。ベルギーを本拠地とする企業群は、2016年だけで合計2210億ユーロ（約27・6兆円）の利益をケイマン諸島などのタックスヘイブンに移動させている。ベルギー政府としては年間304億ユーロ（約3・8兆円）の税収を取り損ねていることになる。つまり、今回新規計上した予算の10倍もの税収を、みずから進んで失っているのだ。

そのタックスヘイブン国であるベルギーが「多国籍企業は最低限の法人税を払わなくてはいけない」と政策プログラムの中で示した意味は、それなりにある。そしてグーグル、アマゾン、アリババ、フェイスブック（現メタ）といった税金逃れのデジタルジャイアントに課税するデジタル税も政策に盛り込んだ。ベルギーではプロスポーツ選手の免税措置があるために、才能溢れるベルギー人サッカー選手（億万長者が多数）はなんと900ユーロ（約11万円）しか社会保障費を負担していないのだが、これも改革の対象になっている。

政治はアップデートされるのか

こうした政策プログラムに対して、当のベルギー人は「年金保障も税制改革も絵に描いた餅だ」と、保守も革新もシニカルである。ベルギーは連邦政府、地方政府（フランダース、ワロン、ブリュッセル）にそれぞれの行政機構がある複雑な国柄で、既得権益化も激しい。ベルギー人は「政治で何か実現できることなんてない」と自嘲的に笑う。でも、私は言う。平均年齢60歳以上の「ＯＪＩＣＨＡＮ内閣」で、気候危機対策もジェンダー平等も多様性もアップデートできないような国から見れば、ベルギーにはずっと希望がある。シニカルにならずに新しい変化の一部になろうよ、と。

もちろん私だって、政策を実現させるのが難しいことはわかっているし、政治が妥協や取引きの産物で、有権者への約束を簡単に蔑《ないがし》ろにすることも知っている。しかし、「多国籍企業の脱税を取り締まる」とか「デジタル課税をする」と、そもそも言わなければ始まる確率はゼロなのだ。政治家や政党に、まずは「言わせること」が大切だと思う。言わせたら、少なくとも追及、追跡できるから。

今回の連立の政策プログラムで一番揉めたのは、90年に施行されたベルギー中絶法のアップデートについてだった。女性のリプロダクティブ・ヘルス／ライツ（性と生殖に関する健康／権利）の強化を求める人々は長年、女性が中絶を選択できるルールを緩めることや、中絶の非処罰化を求めてきた。具体的には、現行法では妊娠12週目以降認められていない中絶を、6週間延ばして18週とすることなどがある。この法改正は昨年も議会で議論され、気運は高まっていたのだが、このことがキリスト教民主党との連立を危うくした。結果的には連立政党間で合意に至らず、議会公正委員会と多学問領域にわたる科学者パネルの検討が済むまで、議会での投票はしないということで折り合いをつけた。

分断を越え、議会制民主主義を底上げする「対話の場」

国ごとにさまざまな事情はあるが、議会制民主主義が機能不全を起こしているのは世界中で共通していることだ。ベルギーで注目される革新系シンクタンクの「ミネルバ」は、「有権者の80%は富裕税を支持し、85%の人が気候変動を止めるために緊急措置が必要だと信じている。年金支給開始年齢を67歳に引き上げることには、10%以下の有権者しか賛成していない。でも、このような大衆の意思は政治に届かない」と指摘している。

ミネルバは「左派は自分たちの『いつものグループ』の中だけにいて、孤立していたり政治的な支持先を失った人たちと対話をしようともしていないし、そのための場所もつくっていない」と手厳しい。その通りだ。選挙やデモだけでなく、日常的に社会や政治について対話する場がかつてはあった、と60代の友人は言う。かつて彼は、親に連れられて日曜日礼拝に行っていたそうだ。教会の傍らにはどこでもカフェがあり、礼拝の後にはコーヒーやビールを飲みながら、地域の人たちが地域のことを話し合う場所があった。居場所があった。

その後、伝統的なキリスト教的価値への対抗勢力として社会党が勢力を伸ばしたが、彼らも教会のコミュニティ構築に倣《なら》って、ソーシャリスト・バーやカフェを各地に作ったそうだ。「レッドスター」とか「レッドライオン」といったバーは、利益を含まない民主的価格としてビールを1ユーロ（通常は2ユーロ）で提供した。人々は夜な夜なそこで社会主義を語った。

今日、日曜日に教会に行く人も極端に少なくなり、ソーシャリスト・バーもほとんどなくなってしまったという。個人主義と分断、孤独が当たり前となった社会で、ふたたび社会的・政治的インフラとして地域の拠点を作ろうというミネルバの提案は新鮮だ。進歩的左派政党（フランダースでは緑の党、社会党、ベルギー労働者党）と労働組合や社会団体が一緒になって、各地域にポリティカル・コミュニティセンターを作ってはどうかと提案する。政党は公的資金を受けているからお金はある。ひとつの政党にこだわらない、住民に開かれた「対話の場」を作ることができる。そうした場は、討論会、レクチャー、トレーニング、映画上映会、文化的活動などの拠点もしくは居場所になる。場合によっては、地域の保健所や非営利のデイケア、協同組合の有機栽培マーケットと共同してもいい。私たちには、ツイッター上で不満をぶつける代わりに、対話する地域の場が必要ではないか。

縦横の繊維がつながって織物となるような社会的なインフラを全国津々浦々に作り、議会制民主主義を底上げする大衆のカウンターパワーをつくりだす、というミネルバのビジョンに私は興奮した。これはベルギーだけではなく国境を越えた戦略になる。地域のポリティカルな拠点は、政党、人種、国籍、教育レベルで私たちを分断するのではなく「99％の普通の労働者」をつなぐ。そして、議会制民主主義を包囲する大衆のカウンターパワーが政治をアップデートしていくビジョンを、日本でも考えられないだろうか。

3

2021年10月13日

「住む権利」を実現する住宅の公営化
――ベルリン住民運動の挑戦

注目のベルリン州の住民投票

2021年9月末に行われたドイツの連邦議会選挙には、「ポスト・メルケルのドイツはいかに」と注目が集まった。結果的には、16年ぶりにドイツ社会民主党が返り咲いて第一党に。緑の党も躍進し、保守（キリスト教民主社会同盟）は第二党となった。

社会民主党の没落が著しいヨーロッパで、ドイツ社会民主党のオーラフ・ショルツ党首が選挙直前にグッと支持を集めた理由は、彼がリベラル左派に蔓延するエリート主義やグローバル競争の称賛と決別して、エッセンシャルワーカーや中小製造業の労働者、不安定雇用の若者に寄り添うメッセージをはっきりと打ち出したからだという分析は興味深い。たとえば社会民主党は、これまで言わなかった時給15ユーロの最低賃金を約束した。大国ドイツの政権交代の影響力は大きいし注目に値する。それでも、私がより目を離せないのはローカルなベルリン州の政治だ。

この総選挙と同時に、首都ベルリン州では住民投票が実施されていた。その内容と結果がとても驚くものだったので紹介したい。住民投票の発案に必要な17万5000筆をはるかに超える34万3000筆の署名を集めて実現した住民投票で問われたのは、「3000戸以上の集合アパートを所有する大手不動産会社の物件をベルリン州が強制的に収用（購入）し、公的な賃貸住宅とする」ことへの賛否だ。結果的には賛成56・4%、反対39・0%で可決された。このニュースをドイツ各紙はもちろん、ロイター通信、ワシントンポスト、英ガーディアン、フィナンシャルタイムズ、米誌ザ・ネーションなども英語で詳しく伝えている。

新しさと古さが混ざり合う首都ベルリンでは85%の人が賃貸住宅に住む。パリ、ロンドンなどの他のヨーロッパ大都市に比べ、比較的家賃や生活費が安く、学生やアーティスト、生活者が自由で刺激的なコスモポリタンをつくっている。しかし、ここ10年は他の大都市と同様に住宅不足と家賃の高騰が激しく、10年間で家賃は約2倍になった。建設ブームに沸くベルリン州で新しくできるのは、グローバル企業や研究所のエクスパット（外国人駐在員）向けの、家賃2000〜3000ユーロ（約26万円〜）の高級アパートメント・コンプレックスばかり。一方で、普通の生活者が払える家賃の小さなアパート、たとえば45平米で500ユーロ（約6万5000円）ほどの物件は、200〜300倍の倍率になることもざらで、当たる確率の低いくじ引きのようだと住民は嘆く。

これは、第1章で書いた「ベルリン住宅革命前夜」の話とも連綿とつながっている。どんなできごとだったか振り返ると、2018年秋に、旧東ベルリン地区にあるカール＝マルクス＝アレーという大通りにある680戸もの賃貸アパートが、大手民間不動産企業であるドイチェ・ヴォーネン社に売却される計画が知られることになった。ベルリン州だけで11万3000戸、賃貸市場全体の6・8%を所有する同社は、市場での独占的な立場を利用して家賃を値上げする中心的存在で、ベルリンっ子には悪名高い。必要のない改築などで大幅に賃料を上げ、払えない賃貸者を実質上追い出すのも常套手段だ。

これを警戒して、住民たちはドイチェ・ヴォーネン社によるアパート購入の反対運動を展開。区議会もこれを支持した。ベルリン州も地方裁判所に対し、この売却を阻止するように要求したが、裁判所はこれを棄却。区議会は法規制の穴をついて、住民の先買権を駆使した「拡大買収」を決行した。住民がそれぞれのアパートを購入し、その後それを公共団体であるベルリン住宅協会に売却できるようにしたのだ。2019年後半、住宅協会は追加でシュパンダウ区とライニッケンドルフ区の6000戸のアパートも住民から買いとり、これはドイツ史上最大の再公営化事例となった。

自治体に民間賃貸の家賃規制は可能か

この「ドイチェ・ヴォーネンキャンペーン」が今回の住民投票の前哨戦としてあり、その後キャンペーンは「ドイチェ・ヴォーネンを社会化せよ（DWE）」という運動に発展する。

ベルリン州政府は、高まる市民からの声を受けて、家賃高騰に歯止めをかけるべく、2020年2月に家賃を5年間据え置きする条例も通している。これはベルリン州の90%の賃貸住宅を対象と

住民投票を求める署名を集める市民
(Deutsche Wohnen & Co Enteignen, Foto: Ian Clotworthy/DWE)

したもので、「自治体に家賃規制ができるかどうか」という点が注目された。が、数か月後には「家賃の規制は連邦政府にしかできない」として、連邦憲法裁判所で条例が無効にされた経緯がある。

今回の住民投票は、あれこれ手を尽くした果ての、粘り強くクリエイティブな市民運動の賜物だった。住民投票を求める34万筆超の署名を集めただけでなく、最初は数百人だったデモの参加者は数千人、数万人となって、生活者や学生、アーティストが住み続けられるベルリンを守るための、州全体を巻き込む大きな運動となった。

おりしも、業界第1位のヴォノヴィア社が2位のドイチェ・ヴォーネン社を買収する動きを見せており、そうなると賃貸市場の独占がますます強まることは明らかだった。大手不動産会社が同じ地区で多数の物件を所有すると、地区別に家賃上昇率を調整するという緩やかな州の家賃規制政策では効果がなくなる。一企業が地区全体の家賃を上げるパワーを持ってしまうからだ。

少し歴史をひも解けば、89年のベルリンの壁崩壊後から一貫して、公営住宅が大規模に民間に売却されてきたことがわかる。かつて賃貸住宅の51％を占めた公営住宅は、25年間で48万戸から半分以下の22万戸に減った（つまり26万戸が売却された）。その受け皿になったのがヴォノヴィア社やドイチェ・ヴォーネン社のような民間不動産企業で、巨大化して市場の独占を強めていったのだ。

「私から公へ」資本主義のタブーに挑む

今回の住民投票の結果、収用の対象となるのは3000戸以上を持つ不動産会社の集合アパートで、前記の2社だけでなく他の大手不動産会社も影響を受けることになる。その合計は22万6000戸で、賃貸住宅市場全体の10％にあたる。

住民投票キャンペーンを牽引したのは、賃貸住宅に住む普通のベルリン市民たちが組織した草の根の運動だ。ドイツの憲法にあたる基本法15条の「土地や天然資源、生産施設の所有権は、社会で共同使用するために共同体に移管することができる。ただし共同体への移管については、損害賠償の方法と規模を規定する法律に基づいて行うこと」を根拠に住民投票を求めた。ちなみに、この条項がいままでに使われたことは一度もない。私有財産の収用は資本主義のタブーともいえるが、これまで使われたことのない憲法の条文を盾に、一介の住民たちが大企業とその背後の住宅金融市場に挑んだのだ。

では、法に明記されている「損害賠償」――今回の場合はアパートの強制収用に対する補償――はどうなるのだろうか。キャンペーン側によると、市はアパートを市場価格以下で購入した上で、新たな住宅公社が管理する公営住宅として、市民に適切な価格で貸すことになる。そして、その家賃収入で長期的に不動産会社に返済する計画だ。そうすることで、他の公的予算を食いつぶさない工夫をしている。しかし、キャンペーン側が収用費用を合計１００～１１０億ユーロと試算しているのに対して、業界のコンサルタントはその４倍の４００億ユーロと試算している。この収用価格をめぐる意見の違いは興味深い。

実際には、この住民投票に法的拘束力はないのだが、ベルリン州政府はこれだけの世論を前にして、立法化を検討し市民に示さないわけにはいかない。社民党、緑の党、左翼党の連立である州政府は、明らかにレフトとはいえ、積極的に住民投票の結果を支持しているのは左翼党のみだ。新市長（女性）も収用には慎重、懐疑的な立場だ。不動産業界は、全体の10％の賃貸物件を収用して公営住宅にしたところで、投資家が敬遠するので投資は進まず、住宅問題の解決にはつながらない、と鼻息が荒い。また、仮にベルリン州が立法し収用が実現したとしても、投資家保護の国際協定によって訴訟を起こされる可能性はきわめて高い。

しかし、私はあえて書きたい。90年代からいまに至るまで、政策誘導で大規模かつほぼ強制的に行われている「公から私」へのたたき売り的な収用は誰も問題にしないのに、「私から公」への収用が大問題になるのはなぜなのか。「私有財産を国家権力が収用するなんてとんでもない」という思い込みが、個人と社会に深く根づいている。こう指摘したのは私ではなく、「極度の貧困と人権に関する国連特別報告官」のオリビエ・デシュータ一氏だ。

ベルリン州に限らず、ほぼ例外なくヨーロッパの都市で、公営住宅は市場価格以下で大安売りされ、投機の対象になり金融化し、結果としてモンスター価格に吊り上がり、おまけに市場は独占・寡占化している。住宅を市場の外に取り出すのがいかに困難な道か、ベルリン市民は痛烈に知りながら挑んでいる。住宅がすべての人に必要な公共財であり、私たちは住む権利を有しているという信念をＤＷＥキャンペーンは訴え、ベルリン市民に支持されつつあるのだ。

21世紀型の新しい住宅公社を

ドイツ首都の影響力は絶大だ。ベルリン州で住民投票のひな型ができれば、他の都市にもこの戦略が拡散する可能性があり、ヨーロッパ各地で急速に拡大する住宅の権利運動は勢いづいている。家賃の高騰でとくに影響を受けているのは若い世代である。小さなアパートに平均的収入の半分も払う暮らしでは、生活の自由も質も望めない。ＤＷＥキャンペーンは収入の30％が「支払い可能な」価格の上限だと主張する。ベルリン州でも他の都市でも、住宅の権利運動を牽引しているのは若者世代で、気候変動問題と同様、危機感と緊迫感の中に力強いエネルギーが宿っている。

ＤＷＥキャンペーンは「公営化」よりも「社会化」という言葉を積極的に使い、収用されたアパートを維持管理・運営する住宅公社の統治方法に重点をおいて提案している。提案によると、賃貸者（テナント）、住民、行政職員、州議会議員の代表が住宅公社の理事会メンバーとなって、対等な立場で共同運営を行う。そして賃貸料はすべて公営住宅の維持と改修、また新しい公営住宅の建設に使われる。このようなモデルをＤＷＥは「社会的所有」と呼び、住民投票の勝利後すぐに立法化を州議会議員に働きかけている。すでにここまで具体的な提案ができているところに、市民運動の成熟を感じた。

公共財を取り戻してきたドイツの住民投票運動

今回の件で、私はドイツの住民投票の仕組みそのものにも強い興味を持った。思えば、ベルリン州では上下水道も電力の送電線も、住民投票をきっかけに再公営化されたのだ。２０１０年、ベルリン市民は上下水道の民営化を終わらせるべく、企業との不透明な契約内容の開示を求める28万人の署名を集めた。そして翌年の住民投票で、66万人の市民が公開を求める投票をした。当時は住民投票で民営化の終了そのものを問うことはできなかったため、請求できたのは契約書の公開だったが、これが強力な弾みとなって、２０１３年に州政府は民間企業の株を買い戻し、上下水道を公的管理に戻した。

上下水道の再公営化後には、バッテンフォール社所有の送電線を取り戻すための住民投票が２０

13年に行われた。しかし当時、住民投票成立の条件であった25％の投票率にわずかに届かず（24・2％）無効となる悔しい経験をしている。住民投票で一定の投票率を確保するのは最初の難関だ。このときの住民投票は成立しなかったものの、エネルギー主権を求める運動は、新しいエネルギー公社のモデル構築を生み出すことになる。13の区の住民代表を含むアドバイザリー理事会と、住民提案の審議をする総会（アセンブリー）、オンブズマンの設置など、市民参加型の民主的統治のモデルをいち早くつくり、ドイツを超えてさまざまな国の市民運動に影響を与えた。結局ベルリン州政府は、民間企業の独占によってエネルギー転換が進まないことに業を煮やして、長い裁判を経たのち2020年10月に、送電線を買い取ることで民間企業と合意している。

今回ベルリン州で提案された開かれた住宅公社の統治デザインも、このような運動の延長にあるものだ。こうした上下水道や送電線の再公営化を求める運動は、その数年後に発展するミュニシパリズムの源流のひとつだったともいえる。

議会制民主主義を補完する直接民主主義の可能性

住民（国民）投票は、議会制民主主義を補完する直接的な民主主義の手法として、基礎自治体レベルから国に至るまで、さまざまな国で採用されている。2021年9月には同性婚の合法化を問う国民投票がスイスで行われたのは記憶に新しい（そして可決された！）。賛否が分かれる問題を、利害や権力、政局などに影響される議会だけに委ねるのではなく、住民（国民）に直接問うことの意義や正当性は高い。それ以上に、市民がさまざまな問題を主体的に考え、選挙を超えて意思表示する、民主主義の訓練の場として有効だと思う。そして、傲慢になりがちな為政者が、主権者の意見を丁寧に聞き続ける訓練の場としても。

そんな民主主義の練習がドイツでは浸透しているようだ。各州で少しずつルールが違うとはいえ、すべての州で住民投票は法制化されている。ドイツ全体では2019年までのあいだに8000回を超える住民投票発議があり、4000回を超える住民投票が行われたというから驚きだ。

現在のルールだと、ベルリン州では有権者の3%の署名を集めれば住民投票を発議できる。ただし、全有権者の10%以上が投票に行かなければ投票の結果は有効にならない。その上で、投票した人の過半数が賛成すれば可決となる。これらの条件は、他の州と比べて比較的ハードルが低い。ベルリン州には住民投票を成功させやすい土壌があるともいえるし、直接民主主義を尊重する政治をつくってきたともいえるだろう。

抜本的な改革は、小さな市民グループの運動から

住宅をめぐる住民投票は、立ち退きや排除のリスクに直面する人たちがコミュニティ内で可視化されてつながり、政策をつくる主体となっていく、草の根民主主義の体現だとガーディアン紙がまとめている。気候危機にしても住宅危機にしても、小手先の政策でなんとかできるレベルをとうに超えており、抜本的な変革が必要だ。普通の市民が広く深く変革を求めなければ、政治は動かない。

逆説的だが、こうした住民投票は、思いのある小さな市民グループの運動から実現することが多い。そこには地道な署名運動を通じて一人ひとりと対話をする草の根のアクティビズムがあり、それを土台に集合的な力を形成していくのだ。

住民投票や参加型予算制度などの直接民主主義的な手法を、政治と生活をつなげるためにも、主権者である市民が自分たちの力を実感するためにも、地方自治体で積極的に導入してほしいと願う。

4

2021年4月7日

農と食、流通のミュニシパリズム的な革命
――アルゼンチンにみる源流

農のミュニシパリズムという挑戦

いま日本や韓国では、有機野菜や有機米の農家と学校給食がつながって「学校給食革命」(*1)が起ころうとしている。フランスではランス、グルノーブル、ムアン＝サルトゥー、そしてパリでも、近郊有機農家が栄養価の高い地元産食材を学校給食に提供している。地域の有機農業が公共調達政策や公共食（学校給食だけでなく公共施設、病院、ケア施設、大学、刑務所、美術館、市庁舎の食堂等々）とつながることは、単なる有機農業推進にとどまらず、土壌と地域を守るオルタナティブな経済モデルの中核になりうる。

食と農は、生きることと直結している。食べものと土地を公共財として守る運動は、資本主義下の持続不可能なグローバル・サプライチェーンに対抗する共通の地域戦略になるのではないだろうか。実際、すでに日本でも世界でも多くの地域や運動体が実践しているが、こうした運動に新しさ

を加えるとすれば、都市近郊農業と都市労働者、失業者、消費者をつなげる取り組みをどれだけ「政治化」できるかということだろう。「政治化」には、食糧主権（food sovereignty）と、すべての人の食へのアクセスを守ることも含まれる。

つまり、「農・食・流通」を公共政策として、地方自治の主要な戦略に位置づけられるかという挑戦が起きているのだ。だから私は、こうした運動を「アグレリアン・ミュニシパリズム（農のミュニシパリズム）」と、あえて政治的な色でとらえたい。都市を囲む近郊農地は、オルタナティブな経済と都市計画を発展させるうえで、戦略的な重要性を持っているという考え方だ。

＊1　『農業と経済』2020年9月号（特集「チャレンジ！学校給食革命」）参照。

アルゼンチンの経済危機と食糧危機

この「アグレリアン・ミュニシパリズム」の魅力的な例として、アルゼンチン第三の都市、サンタフェ州ロサリオ（人口約170万人）での取り組みがある。「ラ・ラクテリア」と呼ばれる、都市近郊の酪農農場、協同組合、都市の消費者をつなげるプロジェクトだ。その源流をたぐっていくと、ロサリオの都市社会運動や連帯経済、協同組合運動の連綿とした歴史が見えてくる。実は、ロサリオの都市社会運動の歴史も、それが近年のミュニシパリズムの萌芽となったことも、この原稿を書くまで私は知らなかった。

アルゼンチンでは、２０１５年から中道右派のマクリ大統領のもと、新自由主義と緊縮財政を徹底した結果、社会的格差や貧困が深まり、２０１９年12月に4年ぶりとなる野党ペロン党の左派政権が誕生している。

新型コロナウイルスのパンデミックに直面する前から、ペソ急落や度重なるインフレでアルゼンチンの経済は落ち込み、長らく政情も不安定である。コロナ危機が追い打ちをかけ、債務危機や食糧危機にまで発展している。もっとも心配なのは、食料配給支援が必要な貧困層が２０２０年４月には９００万人から１１００万人に、７月には１３００万人に急増、なんと人口の30％にまでなってしまったことだ。

コロナ禍による都市封鎖やさまざまな規制で、都市労働者は仕事を失い、市場《いちば》などの小さな流通に支えられてきた小規模な生産者や協同組合は打撃を受けている。以前にも増して、独占的なインターネットによる電子取引（同国では「メルカド・リブレ」社がアマゾン的な存在である）や巨大スーパーマーケットが流通の支配を強める結果となった。手数料と送料を負担できない小規模な商いは、電子取引からも排除されてしまう。

巨大スーパーマーケットチェーンでは、１リットルの牛乳の対価として農家に支払われるのは17ペソだが、消費者が支払う価格は70ペソだ。これでは農家だけでなく都市労働者、学生、貧困層も生活できない。儲かるのはスーパーと仲介業者だけだ。貧困層に食料供給をしなければならない政府自身も、寡占市場による食料価格の高騰に喘いでいる。

政党・農場・協同組合の連携が生んだ「ラ・ラクテリア」

ロサリオにある三つの組織による協同行動「ラ・ラクテリア」は、このような状況に真っ向から挑戦している。社会運動から生まれた政党、都市近郊最後の酪農農場、そして80年の歴史を持つ乳製品協同組合――この三者がタッグを組んで、あえて巨大スーパーマーケットの前に出店。新鮮で高品質のチーズやヨーグルト、肉製品を、中間マージンを排した公正な価格で販売する。平均して、既存スーパーマーケットより15％ほど低価格だ。

事業の中心になっている市民政党「都市の未来（Ciudad Futura）」は、2013年に「Giros」と「M26J」という二つの都市社会運動から誕生した。その約10年前にさかのぼるが、都市開発や土地投機がロサリオ郊外にまで及び始めた2004年、土地売買によって250世帯が追い出されることを防ぐために、学生、労働者、失業者、芸術家、土地なし農民、知識人たちの運動によって作られたのが「抵抗する酪農場（Tambo La Resistencia）」だった。都市住民が5世帯集まって「サークル」を構成することで、低所得者でも乳製品を共同購入できる仕組みも作られた。土地投機に対抗して住まいや都市近郊の農場を守る運動が、巨大スーパーマーケットの独占的な流通に抗する乳製品の流通ネットワークへと発展し、現在のラ・ラクテリアへと成長したのだ。

ロサリオの社会運動から生まれた市民政党

市民政党「都市の未来」は、2015年の初の選挙で4議席を獲得し、市政の第三党となった。

「ラ・ラクテリア」の店頭のようす
（Argentina.gob.ar, CC BY 4.0）

社会正義と平等主義をめざす運動と地域の政治が融合し、小規模生産者と都市住民をつなぐ流通だけでなく、教育、文化、公衆衛生といった分野においても、さまざまな取り組みが進む。Giros やＭ26Ｊ運動にかかわる何百人もの市民活動家たちが自主的に運営する中学校と保育園、酪農農場、文化センター、食料協同組合があり、これらは市政に支援されながら地域社会に根づいている。「都市の未来」は、文化、食、保健、教育といったコモンズを政策の中心に置き、自律的な市民が共同運営する都市開発のあり方を具体的に実現している。

政党政治の権力闘争や公的機関の官僚機構に巻き込まれることなく、さらに社会運動としての自律性を損なうことなく、市政を担う政党として機能できるか。これはミュニシパリズムの最大の難題と言っていいと思う。「都市の未来」

はこの挑戦に正面から挑んだ。そのエンジンとして、上述した社会的プロジェクトを自律的に実践することが主要な課題であり続けている。

「都市の未来」の重要な行動規範は「言うだけでなく、やること」である。当たり前のようだが、ここには左派勢力が往々にして理念や価値で衝突し、何かを成し遂げる前に分裂し、理想を掲げるだけで行動しなかった過去への批判があり、そこからの脱却を鮮明にしている。

さらに、政党運営の中心には「権力や力を平等に分配する」という理念（水平主義 horizontalism）を置く。具体的には、党としての重要な決定を、執行部だけではなくオンラインを含む全党員の集会（アゼンブリ）で決めること、選出された議員の給料を一般的な労働者の賃金と同等にすること、などが実践されている。議員や政策スタッフの給与の余剰は共同のファンドに収められ、独立性と透明性の高い政治資金となっている。また、分権化を図るために、政治活動の拠点をもっとも小さい行政区と六つの地域センターに置いている。

アルゼンチンのミュニシパリズムのリーダーシップをとる同党の政治理念は、本書でたびたび触れてきたスペインの地域政党バルセロナ・コモンズにも深く影響している。スペインの地方選挙でバルセロナ・コモンズをはじめ多くの市民政党が躍進したのが２０１５年。それよりひと足早く発足していた「都市の未来」から、スペインの市民地域政党は多大な影響を受け、多くを学ぶことができたのだ。

「都市の未来」は、２０１７年にはロサリオを超えてサンタフェ州全体でも９人の候補者を立て、運動を州レベルへと広げている。そして2019年の地方選挙ではロサリオで4議席を守った。

ロサリオの経験が国レベルへ——流通システムのコモンズ化

寡占化したグローバルサプライチェーンは広告とマーケティングを利用して、パッケージ化された食べものを高い値段で消費者に売りつけている。こうした流れに対抗しているのが、10年以上にわたる社会運動を基盤とするロサリオの取り組みである。食べものを公共財ととらえなおし、土地を投機対象からコモンズとして協同で管理する、脱資本主義的な実践といえる。

コロナ禍で社会経済危機におちいったアルゼンチン政府は、社会運動からの提案を受けて、ロサリオの経験に基づいた国営食料会社と、アマゾンに対抗するような国営電子商取引プラットフォームの設立を法制化しようとしている。イギリスのメディア「オープンデモクラシー」は「国営アマゾンってどんな風？　アルゼンチンに聞け」という記事をいち早く配信。記事によると、アルゼンチンのアマゾンに当たるメルカド・リブレに対抗する国営電子商取引プラットフォームは、とくに小規模な生産者と協同組合の製品を流通させるためのインフラをめざしているという。

また、国営食料会社の計画では、自治体、州政府、中央政府が協力して各地方に生産拠点となる工場を設置。それらを各地方の小・中規模生産者と仲介業者なしでつなげるという。第一段階では小麦粉、米、豆類、麺、ハーブ、砂糖、油、シリアル、ドライフルーツ、スパイスといった基本10品目を対象とし、学校、コミュニティセンター、公共機関などに卸し、各世帯には野菜と果物を加えた「栄養ボックス」として届ける。第二段階では、冷凍食品や乳製品、肉類も含める予定だ。ロサリオでの経験をもとに、アルゼンチンという国家レベルで小規模な生産者の協同組合のネットワーク化を図り、社会インフラとしての流通システムを公共政策でつくろうとする実践は「ミュニシパル・ロジスティックス」と名づけられ、若き研究者がレポートも書いている。(＊2)

資本主義のイデオロギーを身に染み込まされてきた私たちは、「国営」と聞いたとたんに「過去に逆戻り？」という反応をするかもしれない。しかし、これは公共財の流通を社会的なインフラとして政府が責任を持って行う新しい産業政策である。イデオロギーではなく、ロサリオの長年の実践と成功に基づいており、それを各州に広めてネットワーク化する、しごく現実的な提案だと、ここまで読んでくれた読者は気がついていると思う。

アルゼンチンの新左派政権を評価するにはまだ早すぎるが、こうした動きからは、社会運動からのラディカルな提案を受け止める度量と力量が伝わってくる。2021年1月末に、政府は一回のみの億万長者税（富裕税）を徴収し、コロナ禍の社会的支援に充てることも決めた。(＊3)これには同時に、コロナ禍での経済・社会危機の深刻さを思わずにいられない。

さらに歴史的な変化も起きている。2020年末、アルゼンチン議会上院は、妊娠14週目までの人工妊娠中絶を認める法案を可決したのだ。同国で100年以上も禁じられてきた妊娠中絶が合法化された歴史的瞬間で、通りを埋め尽くして涙を流す女性たちの姿が世界中に伝えられた。

コロナ禍で、ポストコロナ社会への変化は確実に起きている。

＊2　“Municipal logistics” MINIM Report N.IV December 2020 https://minim-municipalism.org/wp-content/uploads/2020/12/Municipal-logistics.pdf

＊3　230万ドル以上の資産を持つ者は、国内資産については3％、海外資産については5％の一回のみの富裕税を支払う。約1万2000人が対象で、これにより30億ドルの税収を調達する。

おわりに

2022年7月11日、私は杉並区長に就任しました。それから4か月。めまぐるしい日々のなか、約57万人の区民すべての暮らしをより良いものにするため、ベストを尽くそうと努力してきました。本書は、私がベルギーに暮らし仕事をするなかで、世界の自治体の果敢な挑戦について、日本語で発信してきたコラムをまとめたものです。序章を除いてはいずれも区長選挙の前に書いたものですが、就任後にあらためて読み返し、私が区長として今後チャレンジしていきたい政策、政治のあり方、そして住民自治という方向性は間違っていないことを確信しています。

私がめざしたい政治とは、人々が当たり前に、希望をもって暮らせる社会を実現することであり、その基盤には自治と民主主義、社会正義が不可欠であるということです。読者のみなさんには、私が20年間ヨーロッパで考えてきたことをまとめた本書を通じて、世界の自治体が連なり、豊かな経験を交換していること、そしてそれは、これからの杉並区や全国の自治体でも実現可能であることを、ぜひイメージしていただければと思います。

私が当選した杉並区長選挙での投票率は37・5%でした。前回区長選挙よりも5・5ポイント上昇したことは素晴らしいのですが、それでも、自分の暮らしにもっとも近い自治体の首長を決める選挙で、6割以上の人が選挙に行っていないわけです。20～30代の若者や学生にも、仕事や育児、介護に追われる働き盛りの世代にも余裕がなく、選挙や政治に期待もできないという人がたくさんいます。そういう人たちを含め、従来の方法では声が届かない層と、いかに対話をし、本書で紹介したような「生活の政治」をつくっていけるか。それが日本社会にとっても大きな課題であると思います。

国際政治も国政も、そして区政も、現実の政治は分断をつくりだす構図が当たり前のようになっています。本書の中でも、私は意識的に「政治のフェミナイゼーション（女性化）」に挑戦する事例をとりあげてきました。それは単に女性議員を増やそうという話ではありません。競争ではなく共有、妥協ではなく共同、駆け引きではなく協力を、政治や組織のあり方の中心的な価値へ。旧来の男性文化的な政治のあり方を根本から見直そうという、フェミニストからの提案です。

困っている人や傷ついている人、声をあげられない人たちがかかわっていけるのが本来の政治だと私は思っています。こうした政治の原理とスタイルを取り戻し、提示していきたい。それは多くの住民、市民のみなさんと一緒でなければ実現しないでしょう。本書で紹介した数々の自治体での実践においても、行政vs住民という対立構図を超え、互いに刺激を与えたり、変化を提案したり、ときには住民みずからが選挙に出て、新しいうねりをつくっているようすは、みなさんにも伝わったことと思います。

本書が、杉並区から全国へ、そして世界へと連なる「恐れぬ自治体」の連帯の道を開く一助となれば幸いです。

2022年12月2日

岸本聡子

初出一覧

本書１～４章はウェブマガジン「マガジン９」（maga9.jp）に連載中の「ヨーロッパ・希望のポリティックスレポート」で発表されたものです。収録にあたり一部を改訂しました。初出時のタイトルおよび日付は以下の通りです。

第１章

１　「ミュニシパリズムとヨーロッパ　その１」（2019年１月16日）
２　「ミュニシパリズムとヨーロッパ　その２」（2019年１月23日）
３　「ベルリン住宅革命前夜」（2019年４月24日）
４　「学校ストライキ！　中高生たちが起こす反気候変動の地殻変動」（2019年１月30日）
５　「選挙ラッシュを終えて、スペイン地方革新政治の行方」（2019年６月19日）
６　「再公営化の最前線発表～アムステルダム市と「公共の力と未来」会議」（2020年１月15日）

第２章

１　「コロナ騒動のなか、あえて難民危機と国家について考える」（2020年３月11日）
２　「コロナ危機下で人々の暮らしをどう守るのか」（2020年４月１日）
３　「パンデミック後の社会：経済と環境を同時に回復させられるか」（2020年４月29日）

第３章

１　「自治体からのグリーン・リカバリー：ブダペスト、プラハが物申す」（2020年６月24日）
２　「ミュニシパリズムとＥＵグリーン・リカバリー」（2020年12月９日）
３　「闇か、希望か――分岐点に立つ欧州グリーンディール」（2021年２月10日）
４　「「命の経済」の回復～資本主義を問うフェミニストの視点から」（2021年８月18日）
５　「気候変動ネットゼロにだまされない。「ジャスト・トランジション」を実践する公・コミュニティー連携」（2021年12月15日）

第４章

１　「フランス地方選挙で起きた「躍進」～市民型選挙の戦い方を学ぶ」（2020年８月19日）
２　「平均年齢44歳の新内閣。分断を越え政治をアップデートできるのか」（2020年10月14日）
３　「高騰する民間賃貸にNO！　住民投票で変革を起こす「ベルリンっ子」」（2021年10月13日）
４　「アルゼンチン・ロサリオ：農と食、流通のミュニシパリズム的な革命」（2021年４月７日）

著者　岸本聡子（きしもと さとこ）
1974年東京都生まれ。環境NGO「A SEED JAPAN」を経て欧州に移住，アムステルダムを本拠地とする政策シンクタンクNGO「トランスナショナル研究所（TNI）」に所属。新自由主義や市場原理主義に対抗する公共政策，水道政策のリサーチおよび世界の市民運動と自治体をつなぐコーディネイトに取り組む。2022年6月，杉並区長選挙に立候補し187票差で現職に勝利，杉並区初の女性区長となる。
著書に『水道，再び公営化！』（集英社新書），『私がつかんだコモンと民主主義』（晶文社）ほか。

装幀　m9デザイン

地域主権《ちいきしゅけん》という希望《きぼう》
——欧州《おうしゅう》から杉並《すぎなみ》へ、恐《おそ》れぬ自治体《じちたい》の挑戦《ちょうせん》

2023年1月16日　第1刷発行　　定価はカバーに表示してあります

著　者　　岸　本　聡　子
発行者　　中　川　　　進

〒113-0033　東京都文京区本郷2-27-16
発行所　株式会社　大　月　書　店　　印刷　太平印刷社　製本　中永製本
電話（代表）03-3813-4651　FAX 03-3813-4656／振替 00130-7-16387
http://www.otsukishoten.co.jp/

ISBN 978-4-272-21128-9　C0031　Printed in Japan

バーニー・サンダース自伝

B・サンダース著　萩原伸次郎監訳　四六判四一六頁　本体二三〇〇円

希望の未来への招待状
持続可能で公正な経済へ

マーヤ・ゲーペル著　三崎和志ほか訳　四六判二二四頁　本体二〇〇〇円

地球が燃えている
気候崩壊から人類を救うグリーン・ニューディールの提言

ナオミ・クライン著　中野真紀子ほか訳　四六判三六八頁　本体二六〇〇円

気候変動　何ができる？何がおこる？

A・ミノリオ文　江守正多監訳　B4変判六四頁　本体三六〇〇円

大月書店刊
価格税別